中学化学实验
新视野
创新思维养成指南

胡玲燕 ◎ 著

序

上海市实验学校是我国第一所真正以教育实验为主导的十年一贯弹性学制的学校,她秉承"实验"精神和方法,对学制、课程、教材、评价等进行整体改革,探索十年一贯弹性学制的教学模式,形成了独树一帜的办学特色。

上海市实验学校在顺应和满足学生个性化学习的需求中,不断地对课程进行统整和整体架构,建构了核心课程、学养课程和特需课程。核心课程以能力结构为主线,涵盖思想类、工具类、知识类和技艺类学科;学养课程以培养学生的兴趣、情趣和志趣为主线,体现在德育、文学艺术、科学思维、实践考察、体育运动、心理健康等方面;特需课程主要针对学生的个性化需求和发展潜力,这些课程旨在满足学生的特殊兴趣和才能发展,帮助学生在特定领域取得卓越成就,具体内容和形式可能因学生的需求和学校的资源而有所不同。三大完整课程体系,共同构成完整的育人课程体系,共同实现学生潜能开发的目标。

化学是研究物质的结构、组成、性质、变化以及与物质变化过程相伴随的能量转变的科学。从衣食住行到太空探险,从古代化学实用技术到现代人工智能技术,当今化学发展日新月异,化学与其他学科之间不断交叉融合,其发展的深度、广度和复杂程度前所未有。上海市实验学校化学学科的特需课程以这些为研究内容,以学生发现的生活中的化学问题为切入点,开展系列的创新实验研究,通过教师指导与师生互动,解决所提出的真实问题,引导学生学会科学研究的方法,并注重创新思维的培养,为拔尖创新人才的成长奠定坚实基础,并推动科学人才弹性学制培育的试验和探索。

胡玲燕老师是上海市实验学校化学教研组长，高中首席化学老师。她是上海市普教系统第四期"双名工程"攻关计划基地学员，参与上海市"空中课堂"的录制，参与课题"面向创新人才培养的理科融合课程教学"获得上海市教学成果奖二等奖。胡老师主持上海市"指向核心素养培育的新教研"项目的子课题"基于科学探究能力培养的数字化实验融合概念教学的实践"获得结项优秀，她还参与《上海市义务教育教科书·化学综合活动手册》（沪科版）的编写。曾获教育部一师一优课、上海市中小学中青年教师教学评选活动二等奖等奖项。

胡玲燕老师引领高中化学组同事们共同开发了系列校本实验课程，包括"趣味化学实验教程""初高衔接实验教程""创新特需实验教程"等，在学校特需课程实施的十多年里，指导学生在进行创新特需实验研究方面积累了丰富的经验、案例和资源，总结了明确的指导路径，撰写这本书的主要目的就是为了分享和介绍这些经过实践检验的经验、案例和资源。本书通过详尽阐述创新实验的各个环节，包括选题、申报、实验研究、数据分析、成果提炼、实验评价、反思与展望等，生动展示了教师如何引导学生逐步提升提出问题的能力、批判性思维、跨学科研究能力、团队合作精神、社会责任感等。

在国家高度重视科学教育的背景下，本书的出版具有十分积极的意义，本书对于激发学生好奇心、想象力和探求欲，聚焦提升学生科学素养，培育学生批判思维和创新能力等方面提供了新视野、新经验和新方法。最后，衷心希望本书能成为中学化学老师指导学生开展创新实验的好助手。

正高级教师、特级教师

《普通高中教科书 化学》（沪科版）主编

《义务教育教科书（五·四学制）化学》（沪科版）主编

目 录

序 …………………………………………………………………… 1
引 言 ………………………………………………………………… 1

第一章 创新特需课程的概述 ……………………………………… 7
　　第一节 创新特需课程的创建背景 …………………………… 9
　　第二节 创新特需课程的框架构建 …………………………… 11

第二章 化学创新特需课程建设 …………………………………… 15
　　第一节 化学创新特需课程的框架 …………………………… 17
　　第二节 化学创新特需课程的内容 …………………………… 18
　　第三节 化学创新特需课程的教学模式 ……………………… 21
　　第四节 化学创新特需课程的课时安排 ……………………… 22
　　第五节 化学创新特需课程的评价 …………………………… 24

第三章 化学创新特需课程通识课 ………………………………… 29
　　第一节 拓展校企联合项目 …………………………………… 31
　　第二节 走进高校体验科研 …………………………………… 35

第四章 化学创新特需课程实验课 ………………………………… 41
　　第一节 趣味化学实验 ………………………………………… 43
　　第二节 数字化实验 …………………………………………… 54
　　第三节 仪器操作指导 ………………………………………… 68
　　第四节 跨学科实践活动 ……………………………………… 76

第五章　化学创新特需课题研究的实施 ·············· 85
　　第一节　引导选题方向 ·············· 87
　　第二节　审核研究项目 ·············· 90
　　第三节　聚焦研究方向 ·············· 93
　　第四节　指导实验过程 ·············· 96
　　第五节　精析实验数据 ·············· 99
　　第六节　提炼研究成果 ·············· 109
　　第七节　课程实施成果 ·············· 112

实践1：影响晶体成核的因素研究 ·············· 118

实践2：茶叶中咖啡因的提取及含量测定 ·············· 129

实践3：食物中亚硝酸盐检测以及产生机理分析和预防对策 ······ 140

实践4：中草药对草莓保鲜作用的研究 ·············· 151

实践5：草鸡蛋与洋鸡蛋的蛋白质含量测定 ·············· 166

实践6：利用紫外-可见分光光度计检测啤酒中的甲醛含量 ······ 176

实践7：纳米二氧化钛在自清洁领域的创新应用 ·············· 184

实践8：杜鹃吸收二氧化硫能力的研究 ·············· 192

实践9：多孔复合材料涂层及其保温隔热性能的研究 ·············· 201

结　　语 ·············· 210

参考文献 ·············· 211

引言

一、拔尖创新人才培养的必要性与紧迫性

党的二十大报告首次将教育、科技、人才三方面一体化进行部署，提出拔尖创新人才的培养是我国今后一个阶段开展教育工作的重点任务。于2023年2月开展的中共中央政治局第三次集体学习中，习近平总书记再次强调了需要深入实施"基础学科拔尖学生培养计划"。在实现现代化强国的大背景下，拔尖创新人才培养已被提升到前所未有的国家战略高度。[①] 在科技发展、能源危机、气候变化和环境污染等问题亟待解决的背景下，急需拔尖创新人才。

拔尖创新人才是国家发展的关键力量，拔尖创新人才的培养直接关系到国家竞争力的提升。拔尖创新人才不仅需要具备扎实的基本学科专业知识和基本学科素养，还需要具备能够解决复杂问题的能力和创新性的思维。通过培养拔尖创新人才，可以提高社会整体的科技水平，推动经济的高质量发展，并为实现可持续发展目标提供有力支持。

二、基础教育阶段早期培养拔尖创新人才

基础学科的拔尖创新人才在我国建设创新型国家过程中起到了顶梁柱的作用。多年以来，国家不断向全国各地的高校和中小学提出要求，希望学校增强对培养基础学科拔尖人才重要性的认识，强调要提高基础学科研究的前瞻性和战略性，同时系统性地布局培养方案，从而培养一批具备科学家潜质，且愿意将自己献身于科研事业的青少年群体，强调拔尖创新人才的培养应从基础教育阶段抓起。2009年启动的"基础学科拔尖学生培养试验计划"，2010年发布的《国家中长期教育改革和发展规划纲要（2010—2020年）》，2018年教育部、科技部等六部门联合出台的《关于实施基础学科拔尖学生培养计划2.0的意见》，再至

---

① 倪娟.拔尖创新人才早期培养的战略意义、核心内涵及实践路径[J].人民教育，2023(12):50—55.

2020年初教育部发布的《关于在部分高校开展基础学科招生改革试点工作的意见》，都提出要重视拔尖创新人才的培养，完善培养机制，体现基础学科拔尖学生培养的引领示范作用。

基础教育阶段是培养学生创新意识、实践能力与科学精神的关键时期。通过优化课程设置，激发学生的兴趣，强化实验实践环节，并注重培养创新思维，可以为拔尖创新人才的成长奠定坚实基础。普通高中阶段在完成基本的教学任务外，还肩负着对人才早期发现识别和培养的重任，因而高中也需要担负起时代和国家所赋予的使命和责任，立足于高中生中人才的培养实践，探索拔尖创新人才的自主培养方案，完善基础教育阶段拔尖创新人才的培养模式，为基础学科拔尖创新人才的培养奠定坚实的基础。[1]

三、当代化学领域面临的挑战与未来需求

我们生活的世界正面临前所未有的全球性挑战。全球变暖、海平面上升、生态系统的破坏，传统化石燃料资源的减少，水体、空气和土壤污染，都对生态系统和人类健康产生了深远影响。新冠疫情的暴发，对国际社会造成了重大冲击。这些挑战要求全球范围内的紧密合作和创新解决方案。而化学是解决环境、能源、健康等全球性问题的关键学科，如在清洁能源的开发、电池技术的创新、新型疾病的防治、环境的治理等之中，拔尖的化学创新人才起着决定性的作用，他们不仅需要具备扎实的化学知识和技术，还应具有跨学科协作的能力、批判性思维、创新精神和社会责任感。

在应对全球挑战、推动技术创新与跨学科合作、实现绿色化学与可持续发展的大背景下，化学研究和教育正面临前所未有的机遇与挑战。化学教育不应仅关注传统化学知识，还需要融入更多元的教学方式和内容，教育过程中应当鼓励学生通过实际操作、跨学科的学习、自主探

---

[1] 李志聪.构建基础学科拔尖人才早期培养体系的30年实践[J].中国基础教育，2023(10):39—44.

究等方式来增强他们的问题解决能力。同时需重视实践技能的培养，包括实验室技能、科研方法和数据分析能力等，奠定学生将化学知识应用于实际问题解决的基础。随着科学技术的不断进步和社会需求的变化，化学教育的创新和实践技能的培养将成为培养高质量化学人才、推动科学发展和社会进步的关键。

四、教育创新的紧迫性与本书目标概述

当前教育体系面临着多重挑战和局限性。传统的教学模式侧重于理论知识的传授，忽视了实践技能和创新思维的培养，缺乏足够的跨学科教学内容。当前教育体系中对于科研方法、团队合作和批判性思维等关键能力的培养也相对不足，这限制了学生在未来的发展潜力。基础教育应不断适应新的发展趋势，提出创新教育模式，为化学以及其他科学领域的发展培养拔尖创新人才，推动科学技术和社会的共同进步。

科技竞争本质上是人才之间的竞争，而人才竞争归根结底是不同拔尖创新人才的教育水平高低之间的竞争。在实现教育强国大背景下，我们迫切需要拔尖创新人才，而为什么我们的教育迄今为止培养出的世界级顶尖杰出人才寥寥无几？这需要回归教育的本质。教育的本质应当是对人的教育，其主体对象是"人"，不同的人在接受教育过程中应当得到多元、个性差异化的培养，因此，需要对现有的教育环境进行优化。我们可以从以下 5 个方面进行：解放传统思想，营造更加开放包容的教育生态；尊重个性差异，建立更加科学且规范的人才甄选体系；因材施教，根据学生特点匹配不同的师资及培养课程；一体联动，推进大中小学一贯式的培养；立德树人，立足于成人成才开展人才培养。[1] 在这样的教育培养目标下，根据学生发展需要，开设创新特需课程，充分培养学生的创新素养，为拔尖创新人才培养奠定了基础。

本书深入剖析了上海市实验学校化学学科创新特需课程的全方位

---

[1] 朱华伟.拔尖创新人才早期发现和选拔培养机制探索[J].创新人才教育，2022(4):39—43.

构建与实施细节。该课程以满足学生个性化发展需求为核心，通过精心设计的实验课程体系，致力于培养学生的创新思维与实践能力。书中详尽阐述了创新特需课程的创建背景、课程目标设定、课程内容规划以及课程评价机制，特别聚焦于创新实验的各个环节，包括选题、申报、实验研究、数据分析、成果提炼以及实验评价，通过丰富的案例，生动展示了教师如何引导学生逐步提升提出问题的能力、批判性思维、跨学科研究能力以及问题解决能力。本书不仅为学生提供了参与创新实验的实用指南，也为教师指导学生开展创新实验提供了清晰的框架与方法。通过阅读本书，读者能够全面了解上海市实验学校创新特需课程在化学领域的创新实践，以及如何通过实验教学促进学生的个性化成长与发展。

第一章

创新特需课程的概述

创新特需课程创建的理念是发展学生优势潜能,设计学生特需课程,识别拔尖创新人才。《国家中长期教育改革和发展规划纲要(2010—2020年)》(以下简称《纲要》)明确提出:"尊重教育规律和学生身心发展规律,为每个学生提供适合的教育。""注重因材施教,关注学生不同特点和个性差异,发展每一个学生的优势潜能。"《纲要》为特需课程的创建提供了国家发展角度的指导意见和研究指导意义。①

第一节 创新特需课程的创建背景

上海市实验学校是一所十年一贯制并且真正以教育实验为主导所设立的学校,建校以来就追求通过学校教育体系改革,通过学制、教材、课程、教师专业发展等方面进行的实验研究,促进每个儿童的潜能转化为现实的能力,使其成为具有自我持续发展能力和创新能力的拔尖人才②。

长期以来,学校构建了核心课程,提高学生潜能发展的关键能力;结合丰富学生素养构建了"学养课程";当具有特别天赋尤其是具有创新素养的学生不满足学校提供的面向全体的课程时,学校寻求为其个性化需求量身定做"特需课程",拓展个体学生多向的特长发展,完成学生潜能开发的目标。③

一、人才观亟须更新

"偏科生"每所学校、每个班级都有,他们究竟是"拔尖人才",还是"差生",这是人才观与教育模式之间的矛盾。社会对人才的使用都是

---

① 徐红.发掘学生优势潜能 设计学生特需课程:上海市实验学校学生创新素养培育的机制设计与实践[J].创新人才教育,2013(3):56—60.
② 徐红.探索潜能开发规律,深化教学整体改革[J].现代基础教育研究,2011,1(1):83—89.
③ 同①.

扬长避短,教育要为社会培养出各门各类的可用型和拔尖创新型人才,一定要促进孩子各自"扬长"发展。但当前,以成绩为"标杆"的高考制度,与拔尖创新人才的培养存在一定程度的矛盾。高考招生是按总分录取,最短的"短板"决定了学生最后能被哪所高校和专业所录取;高考的总分评价体系,对各门学科要求同样高,让很多学生不得不花费大量精力用于"短腿"学科,很多某些方面有专长的孩子,由于总分不达标,反而沦为差生;而且,越来越多的孩子在沉重的课业负担下,变得更加机械化、趋同化,丧失高中生应有的个性和优势潜能。眼光不同,教育策略不同,孩子的命运不同,学校"产出"不同,最终社会得到的"人才"质量也不同。

二、学生发展观有待更新

综合素质全面发展是现代教育的基本要求,这是对学生群体和学校办学方向的整体要求。事实上,每个人天资有异、特长有别,"多元智能"理论和无数"偏才"例证都表明,不同学生之间存在差异,不同学生在不同学科领域和专长方面都具有差异。因而社会上企业、单位的岗位设定,也均按照专业划分,这也要求学校在培养人才过程中不宜求全。在各中小学,比较极端的"偏才"可能只占全社会很小一部分的比例,但学生需要个性化发展,这与我国主要实行的班级授课制之间存在矛盾,也是学生特长和潜能发展与基础教育通识要求之间的矛盾,是各学校在人才培养过程中都要面临的普遍问题。缺乏弹性的标准化教学,无法满足"以人为本""为了学生终身发展""拔尖创新人才的培养"的基础教育导向性需求。我校在个性化课程建设上进行积极的探索和改革,旨在让更多学生的个性得到充分的尊重,使其优势潜能得到充分发展。①

---

① 徐红.发展学生优势潜能[J].素质教育大参考(A版),2014(8):12—15.

三、教育转型面临新调整

公立教育承载着国家重任,需要将全体学生培养成为合格的现代公民,同时也承担着为国家民族培养并输送创新型拔尖人才的责任。[①] 近年来,教育观念逐渐从"唯分数论"转向"立德树人、培育人才"。教育想要转型,首先面对的问题是个体之间的差异。当学生不再是班级集体授课模式的对象,而是一个鲜活有个性的个体时;当学业水平评价不再依据单一的学科成绩,而是具有成长体验和经历的过程性评价时,学生个性化需求与学校标准化教学之间会产生矛盾,此时需要学校对其教学体系进行调整,这就是学校在教育转型期面临的新挑战。

第二节 创新特需课程的框架构建

一、学校高中课程的整体构架

我校根据拔尖创新人才培养的目标和教育理念,对高中课程体系进行了补充完善,将核心课程、学养课程、特需课程这三类课程相互融通,在夯实学科基础的同时,以培养学生智慧潜能和创新素养为目标,满足学生多元潜能发展的特别需求,是以学生发展为本的教育理念的课程实践。(见图1-1)

[①] 徐红.发掘学生优势潜能 设计学生特需课程:上海市实验学校学生创新素养培育的机制设计与实践[J].创新人才教育,2013(3):56—60.

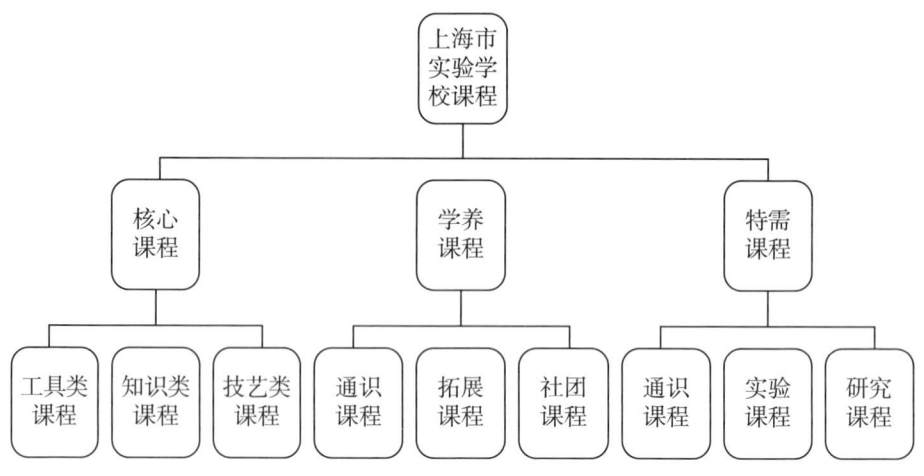

图 1-1 上海市实验学校三类课程架构

特需课程的构建,完善了学校整体课程架构。至此,学校初步建设起核心、学养、特需三类课程构成的一个完整的人才培育结构。其中,核心课程为内核,是基础,特需课程是外延。没有核心课程坚实的基础,就没有特需课程的无限延伸[①],学生就无法具有登高望远的能力和视野。特需课程完善了课程的整体构架,是在通识课程的基础上,预留更多时间和精力,发现学生的潜质,并培养学生的潜力与创新素养,后又称之为"创新特需课程"。创新特需课程这一课程模式的开发,是上海市实验学校在实现人才个性化教育方面做出的重大改革。

二、创新特需课程的地位和作用

作为一个新生事物,"创新特需课程"因为一个"特"字而很容易被狭隘理解。"特需"二字,表面上看起来是只满足少数学生在校小部分学习时间的需要;而实质上,它着眼于"为了每位学生的终身发展"的长远目标,是创新素养课程体系中最高处的"风景",是学校整体课程构架中的高端环节。(如图 1-2 所示)

---

① 史颖芳.基于十年一贯制的历史课程校本化的实践与思考[D].上海:上海师范大学,2014.

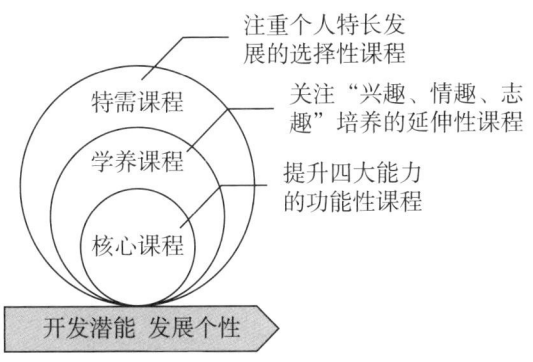

图 1-2　上海市实验学校三类课程的培养方向

我们认为,特需课程并非只是个别优秀学生或者偏科学生特别享有的"专利",而是一项惠及所有学生的教改抓手。特需课程的推出,为学生开辟了新的学习模式,促使学校的整体课程架构发生了新的变革。特需课程的导师制、一对一学习方式、发挥学生特长的理念、以培养多元化的人才为导向,给常规的应试教育模式带来颠覆性的突破。

学校所开设的特需课程虽然名为"特需",但其本意并非开展精英教育。特需课程是在学校已有的核心课程以及学养课程的基础上,额外开设的提高性课程。全校所有学生都可以申报特需课程的创新项目,学校会组织专家团队进行审核,专家会全方位考虑学生是否有兴趣和潜质参与特需课程的研究,做到精准识别创新人才,不放过、不错过任何一个有创新潜质的学生。

第二章

化学创新特需课程建设

化学创新特需课程的设计旨在为学生提供一个结构化的学习路径，通过分阶段的学习，使学生能够逐步深入化学领域，培养科研兴趣和能力。以下是化学创新特需课程设计的五个基本要素，对整个课程的实施起着导向作用。

第一节 化学创新特需课程的框架

化学创新特需课程的整体框架分为四个部分，分别为通识课、实验课、案例课、研究课，其主要内容和说明如表2-1所示。

表2-1 化学创新特需课程的框架

课程内容	课程形式	课程说明
通识课	实地参观	通过通识课的学习，学生充分了解学科前沿和现代实验技术手段，拓宽自己的研究视野
	通识讲座	
实验课	趣味实验	通过实验课的学习，训练和提升学生的实验技能，学习基本的实验方法，拓宽学生的研究思路，为后续的研究打下坚实的基础
	数字化实验	
	跨学科实验	
案例课	案例选择	通过典型案例分析，学生充分了解科学研究的步骤、方法和实验的开展
	方法学习	
	实践指导	
研究课	材料化学	在教师的指导下，学生以小组合作或个体的形式，经历完整的项目研究过程，挖掘优势潜能，满足个性化需求，为拔尖创新人才的培育打下良好的基础
	元素分析	
	环境化学	
	食品化学	
	跨学科研究	

第二节 化学创新特需课程的内容

化学创新特需课程的通识课、实验课、案例课有具体的教学目标、教学计划、教学内容。课题研究课的内容取决于学生所提出的特需,内容是各不相同的,可以是与本学科相关性极强的,也可以是跨学科的,也不局限于基础教育阶段,可涉及高等教育阶段。因而课的内容将根据学生的特需以及教师的专长,进行开发设计,旨在更好地为化学拔尖创新人才培养服务。

一、通识课开展

通识课是创新特需课程之旅的起点,其目的是为学生提供宽广的知识环境,激发学生对化学研究的兴趣,帮助他们确定自己的研究方向。这一阶段的学习主要通过以下几个途径实现:

数字化平台学习:利用"浦东化学在线""中国知网"等数字化平台,这些平台提供了丰富的在线视频、学术论文和行业资讯,使学生能够随时随地接触化学资源,了解化学领域的最新动态。学生在习得理论知识的同时,提升自主学习的能力,为未来进行学术研究打下基础。

实地参观:组织学生参观校外企业、高校实验室,让学生亲身体验化学研究和应用的实际环境。实地参观不仅能够让学生了解化学在实际生活、生产中的应用,还能够让他们接触到前沿的科研设备和技术,拓宽研究视野。

通识讲座:定期举办与化学相关的通识讲座,邀请行业专家和学者分享他们的研究成果和经验。拓宽学生的知识视野,也为他们提供与专家交流的机会,通过与专家的互动,学生能够获得宝贵的第一手资料,这对于他们确定研究方向和激发研究兴趣具有重要作用。

二、实验课开设

实验课是对科学研究技能与品质的双重培养,是学生科研过程中的关键环节,通过实际操作提升学生的实验技能,并培养他们的科研品质。实验课包括以下几种类型:

趣味化学实验:设计一系列趣味性实验,比如,大象牙膏实验,让学生亲眼见证化学反应的壮观现象;硫酸铜晶体的培养,让学生了解晶体生长的奥秘;维 C 含量测定,让学生掌握食品中营养成分的分析方法;制肥皂实验,让学生了解日用化学品的制作过程。这些实验让学生在感受学科趣味的同时,学会运用化学知识解决实际问题。

数字化实验:设计利用传感器技术进行实验操作,比如,红枣中铁元素含量的测定,用简单的色度计通过比色法完成测定;食品、化妆品中微量元素的检测,运用先进的数字化仪器测定。电导率、pH、压力、温度等传感器,以及分光光度计、色谱仪等现代分析仪器,这些数字化技术不仅能够提高实验的精确度和效率,还能够让学生感悟现代科技在化学实验中的应用。在这些实验中,教授学生如何对实验数据进行采集、处理和分析,培养学生处理数据、分析数据的能力。

跨学科实验:通过与数学、物理、生物等学科的结合,设计跨学科实验项目,培养学生的综合思维能力和创新能力。这些项目不仅能让学生了解化学与其他学科的联系,还能够激发他们的创新思维,培养他们解决复杂问题的能力。

通过这些实验课程,学生不仅能够提升实验技能,还能够培养严谨、求实、细致、创新的科研品质。

三、优秀案例分析

优秀案例分析是学生学习科学研究方法的重要途径。通过深入研究过往的优秀案例,学生学习到科学研究的基本方法,并为自己的研究打下坚实的基础。

案例选择：教师精心挑选一些具有代表性和启发性的学生优秀案例作为教学材料，让学生从中学习到科学研究的方法和思路。如中草药提取液对水果防腐保鲜效果的研究，不仅让学生理解化学成分如何影响食品的保质期，还教会他们如何设计实验来验证这些成分的保鲜效果。再如一种新型碳纤维复合材料跑步鞋底的研究，让学生了解新材料的开发和应用。这种学习方式远比单纯的理论学习更加生动和实用，因为它能够直接让学生感知和体验现实生活中的真实问题。

方法学习：引导学生学习如何选题，如何确定研究方向，如何提取文献中的关键信息，如何进行数据分析，如何进行成果提炼，如何进行批判性思考等。通过这一阶段的学习，学生掌握科学研究的基本方法，为后续的研究课题做好准备。

四、课题研究指导

课题研究是化学创新特需课程从理论到实践的飞跃，是学生将所学知识应用于实际研究的过程。学生根据自己的兴趣和需求提出研究项目的申请，通过学校统一面试审核后予以立项。在教师的指导下，学生进行实验研究，并最终提炼和总结研究结果，形成成果。这一阶段的学习内容包括：

项目申请：学生需要撰写研究计划书，明确研究目标、方法和预期成果，并向学校提交申请。

实验研究：在教师的指导下，学生进行实验操作，收集数据，分析结果。

成果总结：学生需要将研究结果进行提炼和总结，撰写研究报告，并在终期答辩中进行展示。教师鼓励优秀成果参加各级各类的科创比赛，形成具有一定学术价值的案例集，为后续的研究提供参考。

第三节　化学创新特需课程的教学模式

化学创新特需课程形成"学生特需—教师特备—学校特供"的人才培养模式。该模式真正从学生需求出发,为其"量身定制"相应课程。在课程模式开发过程中,主要包含"提出特需""教师特备""资源开发"三个主要环节。学生需要根据自身的发展情况以及自身的兴趣、特长提出特需,教师需要具备专业能力、具备课程理念,学校需要提供师生特需的资源、课程研究的科研力量。培养学生养成自主学习、合作学习、探究学习的学习方式,最终目标是实现"一人一课表",每个学生都能根据自己的特点和需求,制订个性化的学习计划,从而更好地发展自己的潜能。

一、集体授课模式

集体授课模式通常是在化学创新特需课程初期进行,是通识课、实验课、案例分析课的主要授课方式,是有助于对化学学科感兴趣的学生了解化学研究的领域,了解专业前沿和研究动态,学习实验方法,了解化学研究的方法和过程,从而确定个性化研究方向而进行的一种教学模式。无论学生的个性化研究方向是什么,这些课都必须要完成。

二、项目研究模式

化学创新特需课程的学生最终要完成一个项目研究,学生需要完成撰写项目研究申请报告,其中包括项目研究的目标、意义、预期成果,制订详细的项目研究计划。在实施阶段,学生需要进行实验或调查,记录研究过程,收集、分析数据。最后,学生需要将研究成果整理成报告并进行展示,这包括数据分析、成果提炼。整个项目研究过程在教师的指导下完成,教师全程参与。项目研究不仅能够激发学生的创造力,还能够让他们学会管理时间和资源,应对挑战和失败,更好地发现自己的兴趣和潜力,为未来的学术和职业发展打下坚实的基础。

三、小组合作研究

小组合作研究模式强调团队合作和分工协作。项目的研究可以是以团队为单位的,学生自己组队,根据小组成员的特长自行分配每个组员的任务和责任。成员分头研究,定期开会,讨论进展,共同解决遇到的难题。这种模式培养了学生的沟通技巧和团队合作精神,同时也能够发挥学生各自的专长,共同完成研究任务。通过小组合作,学生学会协调不同的观点和意见,在团队中发挥领导作用。

四、个人独立研究

个人独立研究模式允许学生根据自己的兴趣和能力选择研究主题,以个人为单位进行探索和研究。个人独立研究鼓励学生自主学习,培养他们的独立思考和自我驱动的能力。这种模式要求学生具备很强的自我管理能力和自我激励能力,也需要很大的学科研究能力,只有这样才能持续地推进研究工作。通过个人独立研究的方式,学生能够更深入地理解某个领域,同时也能够发展他们的研究技能和学术写作能力。

第四节　化学创新特需课程的课时安排

化学创新特需课程的课时安排为每周下午 2 课时,一学年共 60 课时。这样的课程设置旨在全面提升学生的综合能力,包括理论知识、实践技能和创新思维。

一、通识课学习

通识课学习 10 课时，不仅包括了专题讲座，让学生能够聆听来自不同领域的专家学者的见解和经验分享，而且还安排了企业参观和走进高校的学习活动，增强学生对理论知识的实际应用和理解。

二、实验课学习

实验课学习 10 课时，这部分课程的设计注重培养学生的动手实践能力。通过一系列精心设计的实验项目，让学生不仅能够将理论知识转化为实际操作，还能够在实验过程中培养解决问题的能力、观察力和细致的操作技巧。

三、案例课学习

案例课学习 5 课时，这部分课程主要是分析和讨论优秀案例，对这些案例进行剖析，帮助学生吸取学长的经验和教训，激发自己的创新思维，同时为自己的研究提供思路和方法。

四、学生课题研究

学生课题研究 35 课时，在这 35 课时中，学生将有机会自主选择课题，进行深入的研究和探索。从课题的提出、文献的搜集、实验的设计，到数据的分析和报告的撰写，学生将全程参与，这不仅能够锻炼他们的科研能力，还能够培养他们的独立思考能力和团队合作精神。通过这种方式，学生能够在实践中学习，在学习中实践，最终达到学以致用的目的。

第五节　化学创新特需课程的评价

一、质性评价模式

不同于传统单一的分数评价，特需课程将采取学习过程评价和结果评价相结合的评价方式。同时，改变了传统成绩论的单一标准，探索"扬长"评价，鼓励学生多元发展。就评价方式来讲，打破了传统的偏重教师主观判断的评价范式，创造"生成性"评价模式——让学生撰写出每次解决问题的过程以及下次亟待解决的问题，并提出下一步学习或研究期望。

经过近一年的学习，在学生经历通识类课程的学习，研究方向的确定和特需学习的自主、有序进行后，本着注重培养学生的创新意识和实践能力的初衷，希望特需学生能完成相关的研究性课题或取得创新类成果，制定如下评价要求。

1. 基本要求

在一个学年内能深入研究，形成研究成果。

2. 评价指标

过程性评价：能在老师指导下，撰写研究计划，积极主动地与老师和同学交流，展开相关研究，分析研究数据，形成研究结果。包含学生自评和指导教师评价。

总结性评价：学校组织相关教师对学生研究成果进行评价，由学生自述和教师问辩构成，最后由评价团队给出总评。

研究成果包括：创新创造类实物及研究报告，研究论文报告，与本人申报内容相关的社会活动，参与相关比赛的成果。

在自述过程中需向评价老师进行课题（研究内容）陈述，包括本学年开展的相关活动、计划的完成情况、研究结果、学习反思等内容。

教师会根据材料和陈述进行提问,学生需回答相关问题,完成答辩。

附加评价:评价过程中会参考相关比赛给予评定。能参加市级或更高级别的相关比赛并获得一定成绩的视作优秀,仅在区级选拔赛获奖而未能入围更高级别比赛视为良好。

被参考的比赛例如:青少年创新大赛、明日科技之星、科学与工程大赛、"明天小小科学家"评选等科技创新类相关比赛。

3. 成绩记录

成绩以 A、B、C、D、F 记录,其中 F 为不合格。

表 2-2 化学创新特需课程学生自评表

学生姓名		班级		学号	
项目名称		指导老师		承担	□个人 □团队
活动次数 (1—15 周)		主要活动地点		每周学习时间	
学习活动 目标和计划	(具体安排可另附)				
计划达成情况					
学生活动表现	□学习能力　□分析能力　□综合能力　□想象能力　□批判能力 □创造能力　□解决问题的能力　□实践能力　□组织协调能力 □反思能力　□总结能力　□独立思考能力　□其他_____				
学业作品呈现 (简介)					

(续表)

学生活动自我评价	整体表现： □A □B □C □D	
	需改进之处	
学习体会	（可另附页）	

表2-3 化学创新特需课程学期评价表（指导教师版）

学生姓名		项目名称		承 担		□团队 □个人
活动次数 （1—15周）		主要活动地点		每周学习时间		
学习活动 目标和计划						
计划达成 情况						
学生活动表现	□学习能力 □分析能力 □综合能力 □想象能力 □批判能力 □创造能力 □解决问题的能力 □实践能力 □组织协调能力 其他：					
学业作品 呈现形式						
指导难点						
学生活动 评价	□A □B □C □D □F					
	需改进之处：					

二、创新能力发展水平的测量

通过先前研究中开发的化学拔尖创新人才测量量表,针对参与创新特需课程的学生进行后测,对比学生在参加创新特需课程前后的水平差异,梳理学生在课程培养中取得的成果以及存在的不足,并总结化学拔尖创新人才培养所需要具备的要素,进一步完善化学创新特需课程的开发与设计。

表 2-4 化学创新能力测量量表

化学创新能力测量量表

1. 基本信息
学生姓名:
学号:
课程名称:
测试日期:
2. 评估维度及评分标准
量表采用 5 点量表评分,其中:1 分——非常不符合;2 分——不符合;3 分——一般;4 分——符合;5 分——非常符合。
3. 评估内容及条目

测量维度	题号	评估条目	评分（1—5分）
知识掌握	Q1.	您认为自己已经非常熟练地掌握了化学基础知识	
	Q2.	您非常了解最新化学研究动态	
科研能力	Q3.	您在实验设计和执行方面的能力非常强	
	Q4.	您有非常强的数据分析和解释方面的能力	
	Q5.	您经常参与科研项目	
创新思维	Q6.	您在问题解决中经常应用创新方法	
	Q7.	您提出和实施新想法的能力非常强	
学习态度	Q8.	您对学习的态度和主动性非常积极	
	Q9.	您对化学学科的兴趣和热情非常浓厚	

(续表)

测量维度	题号	评估条目	评分（1—5分）
团队合作	Q10.	您与同伴合作的能力和态度非常强	
	Q11.	您在团队中常扮演领导者的角色并且贡献非常大	
沟通能力	Q12	您有非常强的科学报告和论文撰写方面的能力	
	Q13.	您有非常强的口头表达和演讲能力	
自我管理	Q14.	您有很强的时间管理和自我激励的能力	
	Q15.	您在目标设定和自我评估方面的能力非常强	
社会责任	Q16.	您对化学学科社会责任的认识非常深刻	
	Q17.	您经常参与社会服务和公益活动	

分析与总结：

　　通过分析与总结,可以了解学生在创新特需课程中取得的成绩,也可以了解其存在的不足。比如,学生在时间管理和自我激励方面、目标设定和自我评估方面、社会责任和参与度方面的不足,可能会影响学生学习效率和自我提升的速度,导致学习方向的偏差和目标达成的困难,等等。基于评估结果,分析和总结学生在创新特需课程中取得的主要成果和存在的不足,提出改进意见。

第三章

化学创新特需课程通识课

国内外顶尖大学都有领域非常广泛的通识教育课。受此启发，我们致力于打造一系列高品质的化学创新特需课程的通识课，期望学生在这些课中能够通过多样化的学习情境，深入了解研究的背景，从而拓宽研究视野和思路。我们鼓励学生不能只停留在对科学知识的表层理解，而是要深入探究其背后的逻辑和原理，培养对问题的深层次思考。通识课的设计旨在创设情境，让学生在学习基础知识的同时，能够主动探索、质疑和创新。我们相信，通过这样的教学模式，学生将能够更好地适应未来社会的需求，成为具有创新精神和实践能力的人才。

第一节　拓展校企联合项目

通识课的一部分是校外企业联合项目的开设，其内容包括场馆、创新企业的参观和专家讲座等。教学形式可以分为校内和校外两种，校内可以充分利用社会资源，邀请热爱学生、热爱教育的专业人士开设讲座，给学生介绍社会热点和学科前沿，让学生拓宽视野，活跃思维；校外可以联系、预约一些高科技单位和科技场馆，组织学生前往参观。授课可以固定在每周的某一个下午，时长为一个半小时到两个小时，校内讲座和校外参观可以穿插进行。

讲座类可以安排生化应用类，比如邀请丰益全球研发中心的博士，深入探讨食品相关的化学知识，比如食品中的基本化学成分，对人体健康的重要作用，食品添加剂的化学性质，食品安全问题，以及如何通过化学分析来确保食品安全。讲座设置互动环节，学生提出问题，与专家进行深入讨论，从而更好地理解化学在食品科学中的应用。参观类可以安排上海船舶和海洋工程的研究机构，为学生提供一个了解现代工程技术和创新的平台。在这里，工程师和研究人员分享船舶和海洋工程领域的研究成果和未来发展趋势，工业对环境保护和可持续发展的贡献,以及如何通过技术创新来减少船舶对海洋环境的影响。这些讲座和参观活动不仅能够提供丰富的知识和信息,还能激发参与者的兴趣和好奇心,促进跨学科的学习和交流。

实践1:益海嘉里油脂工厂之行

10月9日下午,化学创新特需课程的学生们参观了位于上海高东工业园区的益海嘉里油脂工厂,通过目睹生产线运作,对食用油的制作工艺和技术有了丰富直观的认识。

在出发前,化学老师先为学生上了一堂生动的化学常识课,在了解了油脂的基本概念,各种油类的不同功能后,学生带着好奇与问题来到了金龙鱼的生产车间。整个车间整洁卫生,庞大的流水线正快速有序地运转。生产线全程封闭管理,从油桶成型到贴标签、灌装加盖、分箱,整个过程实现全自动化,无须人工操作,智能的设计和合理的布局既能提高生产效率,也相应地节约了能源。例如在产品装箱时,油桶被分成左右两路送上传送带,中间的传送带放置集装用的纸箱。传送带运转时,上方的一只大型机械手便会在两边的传送带上交替运作,分别抓起油桶送入中间的纸箱。这样的设计高效环保,让我们大开眼界。

之后学生参观了益海嘉里集团的体验馆,在那里,讲解员为学生介绍了稻米等五谷杂粮的生产分布、生产流程以及公司独具特色的稻米循环经济:从米糠中提取出营养价值高的稻米油和米糠粕,稻壳回收制成球鞋上常见的活性炭和白炭黑,可谓变废为宝,充分体现绿色理念。活动的最后,益海嘉里集团的专业人士为学生带来了主题为"粮油食品安全"的讲座。她详细分析了原料的生产工艺、包装等方面可能出现的食品安全隐患及预防措施,并且就人们关注的转基因食品安全做了深入的解读,让学生对转基因有了更为科学、客观的认识。

通过这次丰富有趣的参观活动,学生们有机会走进现代化食品工厂,了解了许多不曾涉猎过的知识,在拓宽眼界的同时,更深刻地体验到人们健康的生活都是来自食品企业对食品安全的重视和强烈的社会责任感。通过一个下午的参观,学生走向社会、走进企业,体验新鲜事物,了解生活中的科学。

实践2:"芯"科普 "芯"特需

9月17日,化学创新特需课程的全体学生抵达了位于张江的豪威集团,一场精彩的"芯"科普拉开了帷幕。

此次通识课程分为三个部分:芯片知识讲座、光学实验室参观以及产品体验。

首先,经验丰富的工程师为学生们讲解了一块小小的芯片的诞生历程。他详细地介绍了IC封装工艺以及豪威集团主营的芯片设计。当学生们听到我国在芯片领域已经取得的成就和仍需努力的方面时,一股自豪感与责任感油然而生。接下来的Q&A环节中,学生们十分踊跃,从芯片的应用前景,到晶圆的原材料,再到生产工艺中的细节、原理,大家以一种"打破砂锅问到底"的好学精神对芯片的方方面面有了初步认识。

听完"芯"知识讲座,学生们分组参观了光学实验室和产品体验中心。学生们此次参观了三个光学实验室。

第一个是关于高清摄像机的实验室。实验室里到处张贴着测试用的精密图纸,上面密密麻麻的线条竟然能被照相机拍得一清二楚。学生们纷纷拿出手机,看看自己的手机可以分辨出多密的线条,毫无疑问,大家面前的这块毫不起眼的小芯片威力超群。

第二个实验室着重研究在黑暗环境中的拍摄。一进实验室,学生们的目光就被一间由两块黑帘子围出的暗室吸引了。讲解员介绍,那里面几乎是完全黑暗的,但是显示屏上却分明地展示着暗室里的情况,棱角分明。有些好奇的学生亲自走进暗室,体验了一把伸手不见五指的感觉,外面的同学却可以清清楚楚地看到他们的一举一动。

第三个实验室展示的是用于自动对焦的马达。工程师细致地演示了照相机对焦的过程,讲解了自动对焦的方法以及如何消除马达的不稳定,等等。每位讲解员都非常负责地一一解答学生们的各种疑问,学生们灵活运用自己学过的知识,更好地理解芯片的奥秘。

紧接着,学生们开启了一场"芯"体验。映入学生们眼帘的产品体验中心,陈列着从智能家居到智能医学、从手机芯片到设备的各类样品,琳琅满目。集体的浏览介绍过后,学生们便各自扎到自己感兴趣的区域中仔细参观与体验:戴上VR眼镜,体验现实视觉与虚拟图像的奇妙混合;打开手机摄像机,感受超高像素相机的绚丽多彩;凑近把玩芯片,赞叹集成电子工业的巧夺天工。职员们细致而专业的讲解与一件件令人惊诧万分的展品让学生们流连于这未来之境。

通过这次"芯"特需,学生们大开眼界,揭开了芯片领域的神秘面纱。此时正值中国科学院院长承诺,要把"卡脖子"的清单变成科研任务清单进行布局。创新特需课程的学生们也深深地明白了将我国从制造大国发展为制造强国的迫切需要,懂得了自己身为中华少年义不容辞的责任,认识到了夯实基础学科、开拓思维、钻研尖端领域的重大意义。

实践3:走进半导体,创新方能突破,科技方能强国

11月16日下午,化学创新特需课程的学生们进行了第三次特需通识课程的学习。本次课程外请了专家吴老师给学生讲授以"创新人才与半导体简介"为主题的内容。

创新人才的定义是什么?这是吴老师在开始时提出的问题。创新人才不仅需要能够创造自身价值,更需要头脑中能迸发出一个个金点子。随后吴老师提出了创新人才所需要的条件。扎实的学科基础,明确的兴趣爱好,开阔的眼界,善于记录总结的习惯都是十分重要的。但是,在众多条件中,坚持的精神是最核心,也是最关键的。

在提出对创新人才的培养方法之后,吴老师简述了半导体这一高科技行业。他分别从半导体发展历史、半导体行业的巨头企业以及中国在半导体行业所面临的问题进行介绍。半导体行业在过去70年间,由最初的实验室研究走到了现今高精度芯片的量产,大大促进了科技的进步。随着5纳米芯片的量产,当今的物联网这一前沿科技变得更加成熟。但是,在这个方便快捷的时代,我们也不能忘记中国现今的半导体行业仍有很大的发展空间。我们仍然有大量高端设备依赖进口,需要我们这一代人将其实现国产化。

最后,吴老师强调了坚持的重要性。它在创新的过程中必不可少。希望学生能够拥有坚持的品质,将来为国家的科技发展做出贡献。讲座过后,学生们与吴老师进行了互动交流。

此次讲座让学生们受益匪浅,深刻感受到创新型人才对国家发展的重要性,坚定了做好特需学习的信心。

第二节　走进高校体验科研

中学教学可以借助高校科研院所力量,为创新特需课程的建设拓宽思路。与高校合作是培养未来创新人才的关键策略,它不仅能够拓宽学生的视野,还能在实践中提升他们的科研能力和创新思维。这种合作模式为学生提供了一个宝贵的平台。学生有机会了解先进的设备和技术,了解实验设计,学习数据分析和研究讨论。由高校指派经验丰富的研究员和项目管理人员,给学生介绍学科前沿,给学生提供专业指导,帮助学生解决疑问。这一合作还促进了中学与高校之间的知识转移和技术创新。以下是实现与高校合作的一些实践经验。

一、高校提供支持

1. 体验高端科研设备

在高校的实验室中,学生们可以操作那些通常只在教科书中看到的高端仪器,这种实践经验对于他们理解科学原理和掌握实验技能至关重要。通过实际操作，学生们能够更直观地理解理论知识，将抽象的概念转化为具体的实践，这对于深化他们的学习体验和提升解决问题的能力有着不可估量的价值。

2. 培养科研素养

合作项目中的实验设计和数据分析，是培养学生科研素养的重要途径。学生们在科研人员的指导下，学习如何设计实验、收集数据、分析结果，并从中得出科学结论。这些技能不仅对于科学研究至关重要，也是学生未来无论在学术界还是工业界都极为宝贵的能力。

3. 引导科研方法

高校的研究员和教授们为学生提供的不仅是知识和技能的传授，更重要的是思维方式和研究方法的引导。他们通过讲座、研讨和一对一的指导，帮助学生建立起批判性思维和创新性解决问题的能力。这种指导对于学生来说是一种难得的学习机会，能够帮助学生在未来的学术研究中更好地应对困难和挑战。

4. 创新教学内容

高校与中学的合作还促进了知识转移和技术创新。学校可以借此机会更新教学内容，将最新的科研成果融入课程中，使教育内容更加贴近实际，更具有前瞻性。同时，高校实验室也能通过与学生的互动，发现新的研究方向和创新点，这对于推动科研进步和社会发展都具有重要意义。

总之，高校与中学的合作是一种多赢的模式。它不仅能够为学生提供宝贵的学习机会，促进他们的全面发展，还能够加强中学与高校之间的联系，推动知识的传播和技术创新。这种合作是培养具有国际竞争力的创新人才的有效途径，对于构建知识型社会和推动科学进步具有深远的影响。

二、高校指导案例

实践1：水循环与生态平衡

12月6日,化学创新特需课程的学生们走进了特需通识课的课堂,聆听了来自同济大学的张教授带来的有关环境科学的讲座。张教授是环境工程工学博士、高级工程师,就职于同济大学环境科学与工程学院。他将专业的知识平常化、简单化,向学生们全面介绍了水环境资源。

张教授首先介绍了环境及水环境工程的基本概念,以此引出讲座叙述的对象——水环境资源。通过在地图上展示中国主要城市的地理位置,张教授形象直观地让学生们意识到河流等水资源对文明及人类发展的重要性。张教授还展示了与我们生活息息相关的城市给水系统,让学生们细致全面地了解了这个庞大的运输体系的运转方法。随后,张教授介绍了目前水资源缺乏、水污染严重、城镇化病态导致的水资源分配不均匀等水环境资源问题,强调了对这些问题的处理刻不容缓。紧跟其后,张教授介绍了现在常用的污水处理流程、水资源的绿色循环方法、膜处理技术等,向学生们展示了先进的水资源循环处理方法。

张教授随后播放了一段某中学人工湿地项目的视频。视频中呈现了人工湿地水环境系统的运作方法及生态影响。浑浊的河水经过一定加工,变为了清澈的潺潺细流,并养育着四周的湿地植物,使校园更富生机。这样的人工湿地,表现了城市水源被净化后促成的欣欣向荣的湿地景观,诠释了水环境与人类生活怡然融为一体的美好场景。

最后,张教授对同济大学环境科学与工程学院做了简要的介绍,也介绍了该学院最先进的研究成果。

学生们在这次讲座中受益匪浅,对水环境工程这一原本陌生的领域有了初步的认识,也对水资源的合理利用和循环保护有了更深刻的理解。

实践 2：体会科研之魅力，探寻创新之趣味

10月15日，创新特需课程的学生们走出校门，来到上海科技大学物质科学与技术学院（以下简称"物质学院"）参观，大家兴致高昂，收获颇丰。

这次的活动由"浅谈大学阶段的学习与研究"讲座、各类实验室参观两部分组成。

首先，知识丰富的博士生导师于教授为我们带来了关于物质学院里的学习与研究讲座，从师资、教学培养和科学研究等多个方面非常细致地展现了物质学院；接着又介绍了自己目前的研究方向——利用铜纳米线制成手机屏幕。小小的一块屏幕，要求却十分苛刻：不仅要透明，还要求材质有良好的导电性。目前的原材料玻璃在导电性方面仍有缺陷，所以于教授和同事们选用电阻较小的铜为材料，将铜制备成宽度仅有十几纳米的铜纳米线，然后交错着"纺"成一块透明度良好的屏幕。第一阶段的实验非常顺利地完成了（顺便还破了铜纳米线宽度的世界纪录），新的问题接踵而至：铜在空气中会被氧化成电阻较大的氧化铜，怎么保护铜单质呢？他们采用了核壳结构，即在铜纳米线表面镀一层仅有几纳米的超薄的金——目前这一阶段的实验正在进行着。在实验中，于教授和同事发现了可以人为合成不同于教科书所述的六方结构的金，并由此告诉我们，要有坚持真理和质疑教科书的科研精神。

在接下来的实验室参观中，学生们大开眼界。走出报告厅，最先映入眼帘的是一台与人同高的机器——绿色氢能展示系统。它展示了太阳能转换为电能、对水通电产生氢气、氢气进入燃料电池释放电能的过程。氢是一种非常环保的绿色燃料，目前具有很大的发展潜力，并且在这种非常简单的实验装置下，只需要太阳能便能够提供氢燃料，如果未来人类移居火星，氢就将成为成本最低的燃料。

走进5号楼，学生们参观了诸如"软物质微纳加工实验室""核磁共振实验室""表面材料鉴别实验室"等一系列实验室。在学长学姐的指

引下,学生们走进实验室参观、近距离接触;或是隔着玻璃,看到学长学姐全副武装,背后还贴着号码牌,专心致志地透过电子显微镜观察着什么……大家的向往之情油然而生。

这次活动的最后一站是三楼的化学实验室。走出电梯,学生们的目光一下子被一面"实物化学元素周期表"吸引。除了少数的放射性元素缺席之外,各类元素的单质样本(Ca、F_2特例)全部在列,一眼望去,贵金属闪闪发光,非金属单质色彩各异,让人忍不住在此逗留观赏。最耀眼的还要数氦、氖、氩、氪、氙这五种稀有气体了。关上灯,通上电后,红、紫、白、蓝不同的颜色光彩夺目,化学元素之美展现得淋漓尽致。

通过此次活动,学生们对于科研有了更清晰的认识,也体会到了科研之魅力、创新之趣味,感受到为祖国的科学事业贡献力量的义不容辞,也期待下一次的通识课程!

实践3:制药医学的科学魅力与创新前沿

10月20日,化学创新特需课程的全体学生在教师的带领下前往华东理工大学创新实验室。一个月前第一次到上科大的学习活动至今让学生印象深刻,因此学生们对于这次的活动也都非常期待。

经过了一个多小时的车程后,依然兴致高涨的学生们来到了华东理工大学。在一位校方人员的带领下,学生首先进入制药科学实践工作站。室内共有两个展厅,首先进入的展厅是一个非常有趣的地方,门框是由一串原子结构模型构成的,展厅内有各种各样的屏幕供学生获取各种信息,还有一面墙上摆满了各种药草的标本。

接待学生的校方志愿者首先介绍了制药科学实践工作站设立的原因。原来,虽然我国是原料药生产第一大国,但新药研发能力仍明显落后于一些制药强国。为了实现制药强国之梦,从青少年开始培养人才,华东理工大学与市教委共建了一个以科普性、趣味性为主的工作站,让青少年感受制药科学的魅力,并立志为我国制药科学的发展做贡献。

接下来,志愿者们引导学生进行参观。通过他们的讲解,学生了解到,药物发现大概有这样几个历史分期:从最早的远古时期,到天然产物有效成分可以被提取,到合成药物的出现和发现,到抗菌素与抗生素的使用,再到药物分子设计阶段,最后到了现在的后基因组时代。这一发展的历程漫长而又艰辛,是人类与自然不断奋斗的历史。

在另一个展厅中,志愿者们为学生演示了一个关于晶体的实验。实验的过程不是很复杂,而志愿者的讲解也非常生动。实验完成后,学生们都迫不及待地靠过去看显微镜底下的成品。随后,学生们又观看了一部关于药物制配过程的影片,大家都看得十分专注。

与校方人员在门口合影留念后,学生们步行前往下一站——药学实验教学中心。当天正好有大学生在那里做实验,因此学生们进入室内后,都尽量保持安静。那里的老师非常热情地接待了学生们,并带着学生们参观了一间间实验室。路过一些正有大学生在做实验的实验室门口时,有些大学生会热情地打招呼,有些还会请学生们进去看看。在一间实验室中,几位大学生还向学生们介绍了压片机的使用过程。在向校方人员和这些大学生们表示诚挚的谢意后,学生们启程回到学校,结束了本次活动。

通过这次活动,学生感受到了制药医学的魅力,也体会到了从事实验工作的研究者应具备的一些品质。相信这次的活动会对学生接下来创新特需课的研究起到很好的促进作用。

第四章

化学创新特需课程实验课

在创新特需课题研究之前需要开展实验课教学,对象是对化学学科感兴趣的学生,他们之中可能会产生进一步深入研究化学学科的同学。开设实验课的目的是让学生掌握化学实验中分离、提纯、滴定、检验、制备等常用的实验方法,熟悉这些实验过程中的规范操作,学习一些中学里常见的数字化仪器的原理和使用,培养学生的科学品质和科学精神。实验课一般以与生活相关的小实验为载体,渗透这些实验方法的学习,既能激发学生的兴趣,又能提升学生的实验技能,为其后面更深入地自主实验打下坚实的基础。

第一节　趣味化学实验

趣味化学实验是化学创新特需课程教学中非常关键的环节,有助于学生开启探索化学奥秘的大门。在这些充满趣味的实验里,学生不再是被动的知识接受者,而是成为小小科学家,亲手操作、亲身体验,在实践中感受化学的魅力。当他们目睹颜色的奇妙变化、晶体的绚丽生长、气体的瞬间生成,将对未知世界充满渴望与好奇,不仅培养了他们对化学的浓厚兴趣,更在实验中锻炼了他们的动手能力与观察能力,有利于他们逐步掌握课题研究中严谨而实用的实验方法。趣味化学实验让学生在享受乐趣的同时,悄然提升着自己的科学素养与创新素养。趣味化学实验安排如表4-1。

表4-1　趣味化学实验安排

1	碘钟实验
2	硫酸铜晶体的制作
3	自制玫瑰精油
4	加碘盐中碘含量的测定
5	水果中维生素C含量的测定

6	校园不同空间二氧化碳浓度的检测
7	水的硬度检测
8	分光光度法测定红枣中的铁元素

一、溶液的配制

教学设计思路：

溶液配制在化学实验中具有至关重要的作用。首先，它是保障实验准确性的关键，无论是在定量分析实验中准确测定物质含量，还是在定性分析实验中准确判断离子存在，溶液浓度的准确性都直接影响实验结果的可靠性。其次，溶液配制能够有效控制反应条件，调节反应速率，如碘钟反应中溶液浓度对反应速率的影响。所以，设计碘钟反应作为溶液配制基本实验方法的训练，其目的一是让学生了解振荡反应的原理——组分的浓度会呈现周期性变化；二是这个反应需要精确配制很多种溶液，然后将所配制的溶液按照一定的体积进行混合，实验成败的关键就是溶液浓度配制得是否准确，以此训练学生溶液配制的实验操作能力；三是此实验有多种实验方案，可以分组使用不同的实验方案配制，最后比较实验效果，选择最优方案。此实验既富有趣味，又能达到提升配制溶液实验能力的目的。

实践1：碘钟实验

实验原理：

碘钟实验是基于一系列氧化还原反应和指示剂的作用的经典化学振荡反应，这种变化可以用来计量时间，类似于钟表的指针运动，故称为"碘钟实验"。

实验方案一：

1. 实验药品

29%双氧水、1 mol·L^{-1}硫酸、硫酸锰、淀粉、丙二酸、KIO_3。

2. 实验步骤

（1）配制甲溶液：3.6 mol·L^{-1}双氧水。

（2）配制乙溶液：含 0.15 mol·L^{-1}丙二酸、0.02 mol·L^{-1}硫酸锰、0.03%淀粉的混合溶液。

（3）配制丙溶液：0.2 mol·L^{-1}碘酸钾和 0.08 mol·L^{-1}硫酸的混合溶液。

（4）将以上三组溶液等体积混合。

3. 实验现象

混合后，反应液颜色出现无色—蓝紫色—无色—琥珀色—蓝紫色—无色，呈周期性变化，周期约为 8 秒，持续 10 多分钟，这种振荡反应叫"碘钟反应"。

图 4-1 碘钟反应—无色

图 4-2 碘钟反应—蓝紫色

其他实验方案：

1. 过氧化氢型碘钟

向过氧化氢溶液中加入过量的硫酸，然后再加入碘化钾，最后加入硫代硫酸钠和淀粉的混合溶液。

2. 碘酸盐型碘钟

向碘酸盐中加入过量的硫酸，然后再加入亚硫酸氢钠，最后加入少量淀粉溶液。

3. 过硫酸盐型碘钟

通过过硫酸盐将碘离子氧化成碘单质。

4. 氯酸盐型碘钟

将卢戈氏碘液、氯酸钠和高氯酸混合。

二、物质的分离与提纯

教学设计思路：

自然界的物质通常都是以混合物的形式存在，而在科学研究中，只有得到纯净物，才能准确地进行结构鉴定、性质研究和反应机理探索。所以，在化学研究中，分离与提纯是获取纯净物质的基础，掌握物质的分离与提纯技术在科学研究中是必不可少的，特别是在有机合成中，分离提纯出目标产物后，才能通过光谱等手段确定其分子结构，进而研究其化学性质和应用。精油是生活中熟悉的用品，它早已经成为养生和SPA水疗及美容的必备用品。虽然精油品类繁多，但提炼的数量非常少而且价格昂贵。其实精油的提取方法并不复杂，作为高中生，完全有能力掌握和操作简单的提取过程。精油的制作大多采用蒸馏、萃取等方法，而这些方法不仅应用于精油的提取，还广泛应用于植物、草药等之中有用物质的提取，所以蒸馏、萃取等分离提纯的操作是后续研究所必备的。在此设计精油的制作实验，是让学生初步学会物质的分离与提纯技术，学会从植物中提取有效成分的方法。

实践 2：玫瑰精油的制作

实验原理：

一些植物的花、叶、茎、根、果实中，含有护理、药用价值非常高的挥发性芳香物质，这就是我们熟知的精油。精油需要通过水蒸气蒸馏法、挤压法、冷浸法或溶剂萃取法从植物中提炼出来。

实验步骤：

1. 把玫瑰花瓣分离开来。

2. 把花瓣全部塞进蒸馏烧瓶里。

3. 加入$\frac{1}{2}$的水和一些氯化钠,氯化钠有利于降低玫瑰精油在水中的溶解度,从而方便蒸出。

4. 连接好蒸馏装置。

5. 开始蒸馏,等待较长一段时间。

6. 可以观察到加热以后玫瑰花瓣逐渐褪色,水逐渐沸腾,开始收集馏出物。

7. 最后产物:近 100 mL 无色透明液体,有浓烈的玫瑰花香,离瓶口一段距离就能闻到。

图 4-3　蒸馏玫瑰花瓣　　　　图 4-4　提纯的玫瑰精油

三、定量实验方法

教学设计思路:

定量实验方法在科学研究中起着核心作用,为科学研究提供坚实的数据支持。在化学领域,通过定量实验可以准确测定物质的浓度、质量、体积等,从而确定化学反应的定量关系。定量实验方法种类繁多,传统的定量实验方法有滴定分析法,包括酸碱滴定、氧化还原滴定、沉淀滴定、配位滴定。除此之外,还有沉淀重量法、气体体积法。在现代检测中,精确度最高的是仪器分析法,其中光谱分析法应用最多,包括紫外—可见光谱法、红外光谱法和原子吸收光谱法等。定量分析有助于深入揭示自然规律,推动科学理论的发展和技术创新。

食盐是人体不可缺少的物质,盐中加碘可以补充人体所需要的碘。设计测定加碘盐中碘元素的含量这个实验,是让学生在实验中掌握氧化还原滴定的方法,掌握滴定操作这种传统实验中必备的实验技能。

> **实践3：加碘食盐中碘含量的测定**

实验情境：

成人体内所含钠离子的总量约为60 g,日常生活中人从食物中摄取的碘的量不能满足身体的需求,缺碘会影响智力发育。在食盐中添加碘元素,可以预防甲状腺肿大,俗称"大脖子病"。

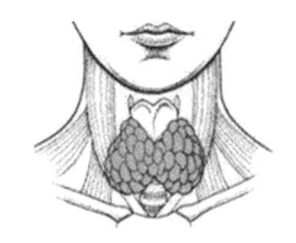

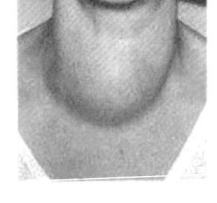

图4-5　市售碘盐　　　　图4-6　甲状腺肿大

如图4-7,食盐商标都有一个含量范围,通过测定,可以得到精确含量。

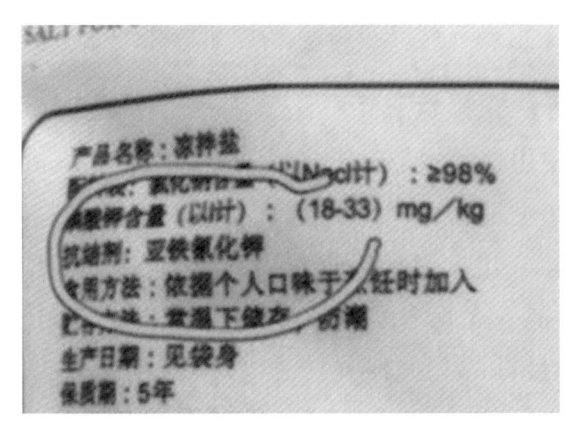

图4-7　食盐商标

实验原理：

在酸性条件下,加入碘化钾,I^-与IO_3^-反应析出I_2,然后用标准的硫代硫酸钠溶液滴定I_2,从而测定碘元素的含量。发生的反应如下：

$$IO_3^- + 5I^- + 6H^+ \rightleftharpoons 3I_2 + 3H_2O$$

$$I_2 + 2S_2O_3^{2-} \rightleftharpoons 2I^- + S_4O_6^{2-}$$

故有 $KIO_3 \sim 5I^- \sim 3I_2 \sim 6Na_2S_2O_3$

或 $I \sim KIO_3 \sim 3I_2 \sim 6Na_2S_2O_3$

试剂及仪器：

试剂：食用加碘盐,蒸馏水,2 mol·L^{-1}盐酸,10%的KI溶液,0.001 mol·L^{-1}的$Na_2S_2O_3$溶液,1%的淀粉试液,KIO_3。

仪器：滴定管,锥形瓶(250 mL),容量瓶(250 mL),移液管(25 mL),电子天平,滴定管夹,滤纸,药匙,铁架台,小烧杯,量筒(10 mL),恒温箱。

实验步骤：

1. 配制碘酸钾标准溶液

在电子天平上称取0.008—0.016 g(于110±2 ℃烘至恒重的)KIO_3,加30 mL蒸馏水,待完全溶解后冷至室温,然后配成250 mL溶液。

2. 标定硫代硫酸钠溶液

量取25.00 mL标准KIO_3溶液于锥形瓶中,加50 mL蒸馏水,2 mL 2 mol·L^{-1}盐酸,摇匀后加3 mL 10%的KI溶液,摇匀后立即用$Na_2S_2O_3$标准溶液滴定至锥形瓶中溶液呈浅黄色,再加入2 mL 1%的淀粉溶液,锥形瓶中溶液变为蓝色,继续滴至蓝色恰好消失为止,记录所用$Na_2S_2O_3$标准溶液的体积。平行滴定三次,求出硫代硫酸钠溶液的浓度。

3. 加碘食盐中碘含量的测定(如图 4-8)

图 4-8 滴定过程

① 用托盘天平称取 20.0 g 加碘盐,置于 250mL 锥形瓶中,加入 100 mL 蒸馏水,使之溶解完全。② 用 $Na_2S_2O_3$ 标准溶液润洗碱式滴定管 2—3 次,装满试液,固定在滴定管夹上。除去尖嘴部分气泡,调整液面至零刻度或零刻度以下。③ 再加入 5 mL10% KI 溶液,振动,使溶液静置 5 分钟。④ 用装满 $Na_2S_2O_3$ 标准溶液的滴定管进行滴定,当锥形瓶中溶液变为浅黄色时,向瓶中加入 1% 淀粉溶液 2 mL,溶液变蓝,继续滴至恰好变为无色,记录所用 $Na_2S_2O_3$ 标准溶液的体积。平行滴定三次,求出食盐中碘的含量。

实验数据记录及计算:

1. 硫代硫酸钠溶液的浓度计算

由 $KIO_3 \sim 3I_2 \sim 6Na_2S_2O_3$ 有

$$c(Na_2S_2O_3) = \frac{6m \times \frac{25.00}{250} \div M}{V \times 10^{-3}}$$

$c(Na_2S_2O_3)$——$Na_2S_2O_3$ 标准溶液的浓度,m——所称 KIO_3 的质量(g),V——$Na_2S_2O_3$ 标准溶液的体积(mL),M——碘酸钾的摩尔质量(214 g·mol^{-1})

表 4-2　硫代硫酸钠溶液浓度测定实验数据表

项目　　　　　測定次数	第一次	第二次	第三次
$m(KIO_3)/g$			
$V(KIO_3$ 溶液$)/mL$		25.00	
$2\ mol·L^{-1}$ 盐酸体积/mL		2.0	
10%KI 溶液体积/mL		3.0	
1%的淀粉溶液体积/mL		2.0	
$V(Na_2S_2O_3$ 溶液$)$终读数 V_2/mL			
$V(Na_2S_2O_3$ 溶液$)$初读数 V_1/mL			
$V(Na_2S_2O_3$ 溶液$)(V_2-V_1)/mL$			
$c(Na_2S_2O_3)/(mol·L^{-1})$			
$c(Na_2S_2O_3)$均值$/(mol·L^{-1})$			
相对平均偏差			

2. 食盐中碘含量的计算

由 I～KIO_3～$3I_2$～$6Na_2S_2O_3$ 有：

$$m_I = \frac{1}{6} \times c(Na_2S_2O_3) \times V(Na_2S_2O_3) \times 10^{-3} \cdot M_I$$

m_I——食盐中碘元素的质量(g)，$c(Na_2S_2O_3)$——$Na_2S_2O_3$标准溶液的浓度$(mol·L^{-1})$，$V(Na_2S_2O_3)$——消耗 $Na_2S_2O_3$ 标准溶液的体积(mL)，M_I——碘元素的摩尔质量$(127\ g·mol^{-1})$

最后食盐中碘元素的含量表示为：$w_I(mg·kg^{-1}) = \dfrac{m_I \cdot 10^3}{m_{式样} \cdot 10^{-3}}$。

表 4-3　食盐中碘元素的含量测定实验数据表

项目　　　　　測定次数	第一次	第二次	第三次
样品质量/g			

(续表)

测定次数 项目	第一次	第二次	第三次
纯水体积/mL		100.0	
2 mol·L^{-1}盐酸体积/mL		2.0	
10% KI 溶液体积/mL		5.0	
1%的淀粉溶液体积/mL		2.0	
$c(Na_2S_2O_3)$/mol·L^{-1}			
$V(Na_2S_2O_3$溶液)终读数 V_2/mL			
$V(Na_2S_2O_3$溶液)初读数 V_1/mL			
$V(Na_2S_2O_3$溶液)(V_2-V_1)/mL			
w_1/(mg·kg^{-1})			
w_1均值/(mg·kg^{-1})			
相对平均偏差			

注:国家规定,加碘食盐中碘的标准值是 35 mg·kg^{-1},即每千克食盐均匀含有 35 毫克碘,同时允许在 35±15 毫克每千克范围内波动。

实践 4:水果中维生素 C 含量的测定

教学设计思路:

维生素 C 含量测定是一个经典、有趣味的定量实验。在食盐中碘含量测定实验之后,设计此实验的意图是让学生巩固氧化还原滴定的操作,了解维生素 C 的还原性及其应用;实验的过程中掌握维生素 C 标准溶液的配制、标定方法,掌握碘水滴定维生素 C 的滴定方法、指示剂的选择,掌握移液管定量转移液体操作的基本要点。

实验原理:

维生素 C 具有强还原性。在酸性条件下,可以将碘单质还原。根据这一性质,可以测定果汁中维生素 C 的含量。

用医用维生素 C 片配制维生素 C 标准溶液。向一定体积的维生素

C 标准溶液中加入淀粉溶液,向其中滴加稀碘水,至溶液呈蓝色且 30 秒内不褪色,记录加入碘水的体积(V_1)。

取相同体积的果汁,加入淀粉溶液,滴加相同浓度的碘水,当溶液显蓝色且 30 秒内不褪色,记录消耗碘水的体积(V_2)。将两次消耗碘水的体积作比值,即可粗略测定出果汁中维生素 C 的含量。

维生素 C 的含量 $= \dfrac{V_2 a}{V_1}$。

试剂和仪器:

试剂:维生素 C 药片,果汁,0.010 mol·L^{-1} 碘水,淀粉溶液,0.1 mol·L^{-1} HCl 溶液,蒸馏水

仪器:烧杯,玻璃棒,容量瓶(250 mL),胶头滴管,漏斗,铁架台,移液管(20 mL),锥形瓶,滴定管,研钵,滤纸

实验步骤:

1. 维生素 C 标准溶液的配制

取 50 mL 蒸馏水加入烧杯中,将 5 片 100 mg 的维生素 C 药片投入烧杯中,当维生素 C 药片全部溶解后,把溶液转移到 250 mL 容量瓶中,并加水至刻度线。

2. 果汁或蔬菜汁的准备

取 50 mL 橙汁,过滤得到滤液,或取 50 g 卷心菜,研磨,加 50 mL 蒸馏水浸泡,搅拌后过滤得到滤液。

3. 维生素 C 药片中维生素 C 含量的测定

移取 20 mL 维生素 C 标准溶液注入锥形瓶中,加入 1 mL 0.1 mol·L^{-1} HCl 溶液,再加入 1—2 mL 淀粉溶液,用 0.01 mol·L^{-1} 碘水进行滴定,当溶液显蓝色且 30 秒内不褪色时,记录消耗碘水的体积。重复上述操作 2—3 次,取平均值。

4. 果汁中维生素 C 含量的测定

移取 20 mL 橙汁(或蔬菜汁)注入锥形瓶中,如上述操作加入盐酸和淀粉溶液,用碘水滴定,直到滴定终点,记录消耗碘水的体积。重复

上述操作,取平均值。

5. 计算果汁中维生素 C 的含量

表 4-4　果汁中维生素含量测定实验数据

样品	编号	滴定前的读数/mL	滴定后的读数/mL	消耗碘水的体积/mL	消耗碘水体积的平均值/mL
维生素 C 标准溶液	1	0.00	21.74	21.74	21.945
	2	0.00	22.15	22.15	
橙汁（或蔬菜汁）	3	0.00	11.18	11.18	10.84
	4	0.00	10.50	10.50	

橙汁（或蔬菜汁）中维生素 C 的含量＝197.584 mg/L。

第二节　数字化实验

传统的定量实验的精度有时会达不到实验需求,而数字化实验能够精确测量各种物理量。传感器是中学化学实验中比较常见的数字化仪器,如温度传感器实时监测反应体系的温度,压力传感器则精准把控反应容器内的压力,pH 传感器可实时跟踪溶液酸碱度的变化,电导率传感器则测量溶液的电导率,光学传感器可以捕捉化学反应中的颜色变化,等等。传感器不仅为化学实验提供了精准的数据支持和实时的监控保障,同时又有着操控方便的优点,是现代化学实验不可或缺的工具。所以,在创新特需实验课中,以具体案例为背景,教会学生常用的传感器技术,为其后续自主研究创新实验打下坚实的基础。

一、色度传感器

工作原理：

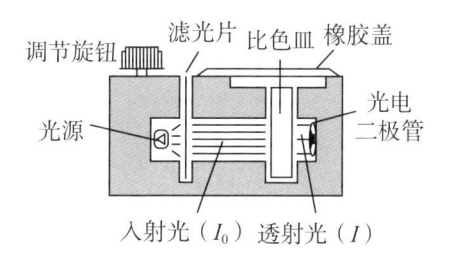

图 4-9 色度传感器工作原理

有色溶液对光线有选择性吸收的作用，不同物质由于其分子结构不同，对不同波长光线的吸收能力也不同，因此，每种物质都具有其特异的吸收光谱。[1] 色度传感器能测量从溶液中发射或透过的某种颜色光线的量。盛装待测液的色度计试管（比色皿）位于光路发射装置和接收装置之间，光量的多少、是什么颜色取决于溶液的性质，也包括溶质的浓度。当用色度传感器来分析一种溶液时，它的性质如溶质浓度就能被确定了。色度传感器是光电比色法在可见光波长范围内的应用。

有些无色溶液，虽对可见光无吸收作用，但所含物质可以吸收特定波长的紫外线或红外线。[2]

有色物质和其他液体混合后是否会发生反应，可以从它的透光性改变与否来判断。

图 4-10 色度传感器

---

[1] 宋永海，汪莉.仪器分析[M].北京：化学工业出版社，2024：444.
[2] 白玲，郭会时，刘文杰.仪器分析[M].北京：化学工业出版社，2019：338.

色度传感器的工作原理遵循朗伯—比尔定律(Lambert-Beer)。

朗伯(Lambert)定律阐述为:光被透明介质吸收的比例与入射光的强度无关;在光程上每等厚层介质吸收相同比例值的光。

比尔(Beer)定律阐述为:光被吸收的量正比于光程中产生光吸收的分子数目。[1]

朗伯-比尔定律的公式表达为:

$$\lg(I_0/I) = \varepsilon \cdot c \cdot l$$

I_0 和 I 分别为入射光及通过样品后的透射光强度;$\lg(I_0/I)$ 称为吸光度(absorbance),旧称光密度(optical density);c 为样品浓度;l 为光程;ε 为光被吸收的比例系数。当浓度采用摩尔浓度时,ε 为摩尔吸收系数。它与吸收物质的性质及入射光的波长 λ 有关。[2]

提出问题:

我们可以借助色度传感器研究哪些问题?

师生讨论:

· 研究双氧水、84 消毒液(主要成分为次氯酸钠)使色素溶液褪色的情况。

· 借助工作曲线,通过含已知浓度和未知浓度的溶液的吸光度,得出该溶液的浓度。(例如硫酸铜溶液)

· 有色物质浓度的改变,表现为颜色的变化,而变化的速率,直接反映了与有色物质相关的化学反应的速率,可以用以研究影响反应速率的因素。

· 发挥色度计对颜色变化的敏感性、客观性,定性地判断某些产物为有色物质的反应是否发生。"提取海带中的碘"这一课内学生实验,有可能因为海带灰化不彻底而看不到明显的淀粉溶液变蓝,或有机萃

---

[1] 宋毛平,何占航,郝新奇.基础化学实验与技术[M].北京:化学工业出版社,2023:593.

[2] 同上。

取剂呈现紫红色,而借助色度计,设计空白对照组,则可以提高反应现象的显著性。

实践1:食物色素被双氧水氧化为无色物质(定性)

设计意图:

让学生了解色素在双氧水作用下,会被氧化为无色物质;在实验过程中学会色度传感器的基本操作;形成设计空白对照实验的观念;本实验为分析化学中的定性检测实验,为后续复杂定量实验奠定基础。

实验器材:

带USB接口的计算机、USB接口的数据采集器、PASPORT USB连接器、PASPORT色度传感器、DataStudio软件、50 mL烧杯、蒸馏水、曼妥思水果糖。

装置连接:

1. 用蒸馏水溶解若干颗红色糖果表面的色素,装在色度计试管中。
2. 将试管放入色度计中,选择绿色光源(保证光源有显著的吸收)。
3. 点击Start按钮,开始记录数据,读数为吸光度A_1。
4. 等待读数稳定后点击Stop按钮。
5. 移开试管,小心地旋开盖子,在试管中加入一滴双氧水溶液。
6. 将盖子盖上,用力摇晃数秒钟。轻敲并前后摇晃试管来消除气泡。
7. 擦拭试管的表面,将试管放回色度计中。
8. 点击Start按钮,开始记录新的数据。
9. 等待读数稳定,然后点击Stop按钮,读数为吸光度A_2。

数据分析:

由于有色物质在双氧水作用下变为无色物质,吸光度会在加入双氧水之后变小。

实践2　食物中铁元素含量的测定(定量)

设计意图：

动物的肝、肾，植物中的豆类、红枣，蔬菜中的菠菜、芹菜等都含有较多的铁，尤其是肝脏含铁最丰富。食物中的铁大多以三价铁形式存在，三价铁盐多是棕红色，所以富含铁的食物也通常有颜色。用铁锅烹调食物，也是体内铁的一种好来源。有人测定过，铁锅烹调的食物含铁量竟高达原来的几十倍。

总的来说，食物中的铁含量甚微，难以通过常规的化学实验被测得，即便是显色明显的反应 $Fe^{3+} + 5SCN^- \Longrightarrow [Fe(SCN)_5]^{2-}$（血红色），也难以通过肉眼辨别出颜色的变化，色度计的灵敏性使得这种颜色的辨别比较成为可能。设计此实验，让学生练习色度传感器的使用，学会绘制工作曲线，同时学会定量检测元素含量的方法，并将这种方法应用到其他食物中铁元素含量的检测中。

实验原理：

1. 目视比色法

- 不同量的待测物标准溶液在完全相同的一组比色管中显色，配成颜色逐渐递变的标准色阶。
- 试样溶液也在完全相同的条件下显色，和标准色阶做比较。
- 目视找出色泽最相近的那一份标准液，由其中所含标准溶液的量，计算确定试样中待测组分的含量。[1]

---

[1]　胡乐乾,孙旭镯.分析化学[M].北京:化学工业出版社,2024:266.

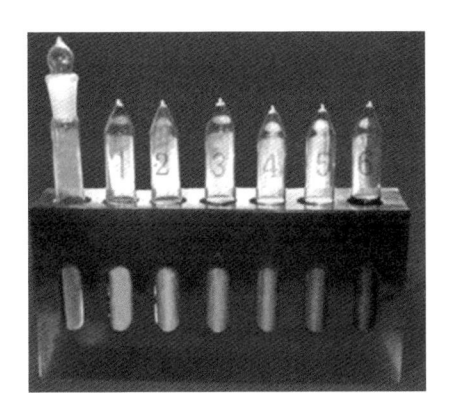

图 4-11　待测标准溶液

2. 光电比色法

- 在光电比色计上测量一系列标准溶液的吸光度。
- 将吸光度对浓度作图,绘制工作曲线。
- 根据待测组分溶液的吸光度在工作曲线上查得其浓度或含量。[①]

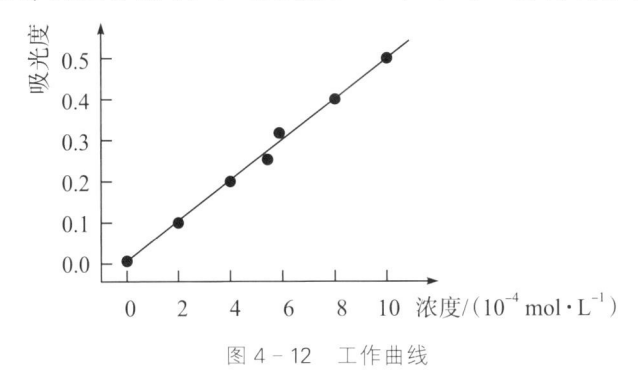

图 4-12　工作曲线

仪器及药品:

vernier LabQuest 色度传感器、数据采集器、天平、烧杯、玻璃棒、酒精灯、铁架台、铁圈、泥三角、陶瓷坩埚、坩埚钳、火柴、容量瓶、滴管、漏斗、滤纸

蒸馏水、1 mol·L^{-1}盐酸、氯化铁固体、饱和 KSCN 溶液

[①] 刘雪梅,王文珍.物理化学实验[M].北京:化学工业出版社,2024:202.

实验步骤：

1. 如图 4-13 连接仪器，根据"颜色环"，选择红色的补色——绿色光，使得光源的光线能够得到最大吸收。

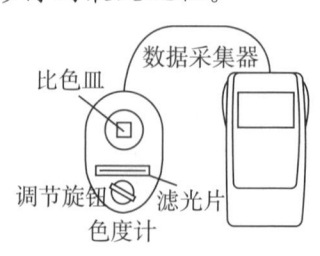

图 4-13　色度传感器的连接

2. 标准溶液的配制，配制 1×10^{-3} mol·L^{-1}、8×10^{-4} mol·L^{-1}、6×10^{-4} mol·L^{-1}、4×10^{-4} mol·L^{-1}、2×10^{-4} mol·L^{-1} 的标准溶液，分别编号为 5、4、3、2、1。

3. 在 5 支试管中分别滴加 2 滴饱和的 KSCN 溶液，并混合均匀，得到 5 种浓度的 $[Fe(SCN)_5]^{2-}$ 标准溶液。

4. 向 1 支洁净的比色皿中装入 2×10^{-4} mol·L^{-1} 的 $[Fe(SCN)_5]^{2-}$ 标准溶液，放入色度计，采集数据，记录获得的吸光度 A_1。

5. 类似上一步骤，测得其余 4 份标准液的吸光度 A_2、A_3、A_4、A_5。

6. 根据 $[Fe(SCN)_5]^{2-}$ 的物质的量浓度 c 和吸光度 A，绘制工作曲线。

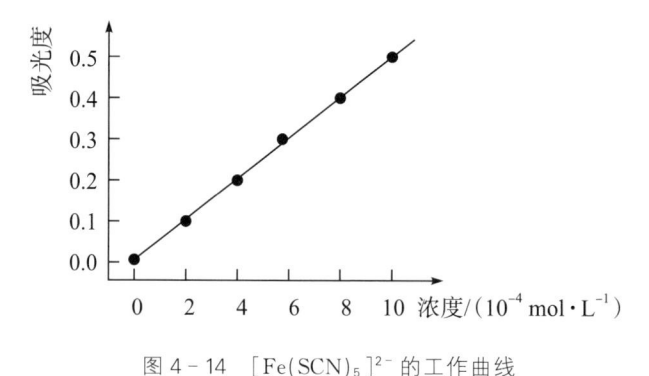

图 4-14　$[Fe(SCN)_5]^{2-}$ 的工作曲线

7. 精确称量木耳(编号为 1)、新鲜红枣(编号为 2)、菠菜(编号为 3),质量分别为 m_1=1.5 g、m_2=7.5 g、m_3=7.0 g,分别放入坩埚,在酒精灯上灼烧,使之完全灰化。

8. 各滴加 5 mL 1 mol·L^{-1} 的盐酸溶液,充分搅拌,过滤,取滤液至比色皿中,测得吸光度分别为 A_1、A_2、A_3,使用工作曲线,读出对应的 $[Fe(SCN)_5]^{2-}$ 浓度分别为 c_1=3.1×10^{-4} mol·L^{-1}、c_2=4.4×10^{-4} mol·L^{-1}、c_3=8.1×10^{-4} mol·L^{-1}。

9. 由于溶解灰化物时所得的溶液约为 5 mL,所以所含 $[Fe(SCN)_5]^{2-}$ 的物质的量(即加入 KSCN 前 Fe^{3+} 的物质的量)分别为 n_1=1.55×10^{-3} mmol、n_2=2.2×10^{-3} mmol、n_3=4.05×10^{-3} mmol。

10. 计算得出原样品中所含的铁元素质量分别为木耳 0.087 mg、新鲜红枣 0.123 mg、菠菜 0.227 mg。

11. 算出含铁量:木耳 0.058 mg·g^{-1}、新鲜红枣 0.016 mg·g^{-1}、菠菜 0.032 mg·g^{-1}。

数据分析:

表 4-5　木耳、新鲜红枣、菠菜含铁量测定的实验结果

样品	木耳	新鲜红枣	菠菜
样品质量/g	1.5	7.5	7.0
所含 Fe 物质的量/mmol	1.55×10^{-3}	2.2×10^{-3}	4.05×10^{-3}
所含 Fe 的质量/mg	0.087	0.123	0.227
含铁质量/样品质量/(mg·g^{-1})	0.058	0.016	0.032

二、二氧化碳传感器

背景信息:

二氧化碳传感器在工业、农业、国防、医疗卫生、环境保护、航空航天等领域都具有广泛的应用。目前在实际生产应用中常见的二氧化碳

传感器就其原理来分,类型有热导式、密度计式、辐射吸收式、电导式、化学吸收式、电化学式、色谱式、质谱式、红外光学式等。[1]

二氧化碳来源包括室内和室外两种。室外主要由煤与木材的燃烧造成,室内主要来自人体呼出的气体和室内燃料的燃烧。

CO_2 为大气中可变组分,正常空气中 CO_2 浓度约为 300—500 ppm。CO_2 为人体正常生理所需,属于呼吸中枢的兴奋剂,人体呼出气体中浓度约为 4000 ppm,因此,CO_2 一般意义上不是有毒物质。[2] 有研究结果表明,5000 ppm 被认为是人体对 CO_2 长期耐受浓度的极限,15000 ppm 是 CO_2 毒性的起始浓度,90000 ppm 是 CO_2 对人的最小致死浓度。由于室内 CO_2 浓度一般不会达到 15000 ppm,CO_2 不再被认为是有毒物质。

提出问题:

我们可以借助二氧化碳传感器研究哪些问题?

师生讨论:

- 各种场所二氧化碳的浓度。例如探究各种公共交通工具内二氧化碳浓度的情况,可以对比不同时间(高峰与非高峰)、不同车型(空调与非空调)、不同公共交通工具(地铁与大巴),或探究校园内不同场所(教室、办公室、室内篮球馆、形体馆、足球场)的二氧化碳含量差异。

- 生物呼吸作用产生二氧化碳的情况,例如:探究"旭日初升是否是在小树林晨练的最佳时间",绘制一天中二氧化碳浓度的变化曲线等。

- 探究某些与二氧化碳相关的化学反应。

- 借助资料,研究人体呼吸作用吸入与呼出气体的成分。探讨"剧烈运动后呼出的气体中二氧化碳浓度会变大吗?""胖人等新陈代谢旺盛的人是否呼出更多的二氧化碳?"等问题。(注意通过计算把浓度与

---

[1] 张广军,吕俊芳.红外光学式二氧化碳分压传感器[Z].北京航空航天大学.
[2] 梁宝生,刘建国.我国二氧化碳室内空气质量标准建议值的探讨[J].重庆环境科学,2003(12):198—200.

总量联系起来）

实践3：公交车厢内二氧化碳浓度的探究

问题提出：

近年来各地的公交公司陆续将非空调车换成了空调车，原因是空调车的使用会使得乘客的出行更加舒适。但是与空调房间一样，空调车内不可能长时间开窗通风换气，甚至大多数的窗户都设计为固定关闭的。而公交车这一特定的公共场合具有人员流动大、人口密度大、空间相对狭小的特点，常有市民反映空调车内空气质量差。造成车厢空气质量差的原因除了道路车辆产生的废气、可吸入颗粒、细菌、病毒之外，二氧化碳也是危害人体健康的隐形杀手。根据我国《室内空气质量标准》，二氧化碳在空气中的日平均值标准值为0.1%（体积分数），并要求不大于此标准值。

如果能通过传感器就公共交通工具（大巴、地铁）中二氧化碳的含量进行定量测定，则可以为人们的出行[1]、公共交通的发展提供参考性建议。

设计思路：

让学生练习二氧化碳传感器的使用，涉及传感器的连续采样和绘图功能。尝试解释数据图表上的总体趋势和突变现象，能够利用实验数据提出建议和指导。

仪器药品：

pasco ps-2110 二氧化碳传感器（量程 1—100000 ppm，分辨率测量值的 10%）、pasco 数据采集器。

实验内容：

1. 提出问题

① 地铁在高峰和非高峰期时段，车厢 CO_2 浓度一样吗？

---

[1] 钟映雪，钱扬义．广州公交车厢内二氧化碳含量的研究[J]．化学教育 2006(1)：37—39．

② 空调巴士的 CO_2 浓度平均值高于非空调巴士的 CO_2 浓度平均值吗?

③ 车内 CO_2 浓度与乘客人数有关吗?车载人数的最大值是多少?

④ 车辆行驶与停靠时车内 CO_2 浓度会有变化吗?

2. 实施测量

3. 注意事项

① 本实验为校外测量,应当注意安全。

② 数据采集器需要长时间工作,电池的电量可能不足,有条件的可自带供电装置,或使用笔记本电脑,通过 USB 数据线连接传感器,使用软件记录、处理数据。

③ 做好乘客人数、停靠时间的记录,为分析数据时排除干扰因素做好准备。

三、溶解氧传感器

背景信息:

溶解氧,即溶解在水中的氧气。氧气进入水体的途径有光合作用、空气通风。溶解氧是水质检测的一个重要参数,通常有高溶解氧含量的干净水能支持水生生物的宽广范围的多样性。许多野生鱼类需要极少量的氧气(4 mg·L^{-1})来维持长期生存,在寒水中生存的鱼类(例如鲑鱼)需氧量较多。当溶解氧水平降到 2 mg·L^{-1} 时,死鱼状况将会出现,这种情况常发生在富营养化的水里。

含氧量过低,以致缺氧时,不需要氧气就可以呼吸的细菌(厌氧菌)占优势,它们厌氧呼吸的产物为 H_2S、氨气、胺等有毒、有臭味的物质以及甲烷等,表现为水体中水质的恶化。

导致溶解氧减少的原因有:①生物降解(有机物质作为食物被微生物分解),消耗溶解的氧气。②热污染,10 ℃时溶氧浓度是 11.29 mg·L^{-1},而 40 ℃时溶氧浓度是 6.41 mg·L^{-1}。③化学污染,20 ℃时没有盐的水能溶解 9.1 mg·L^{-1} 氧,海水能溶解 7.4 mg·L^{-1} 氧。如亚硫酸钠是常用的工业原料,在造纸、印染、漂白、摄影、雕刻等工序中,如果任由工厂未经处理的含有亚硫酸钠的废水向环境中排放,会对当地水环境造成不利影响。亚硫酸盐和其他化学污染物包括硫酸盐、硝酸盐、氨氮、重金属等,在水中发生氧化还原反应时会消耗水体中的溶解氧。

仪器指标:

表 4-6　溶解氧传感器仪器指标

传感器量程	0—20 mg·L^{-1}
精度	满刻度±10%
分辨率	0.01 mg·L^{-1}
最大取样率	每秒 20 个样本
缺省采样率	每秒 2 个样本
温度范围	0—50 ℃
阳极	Pt
阴极	Ag/AgCl

装置连接:

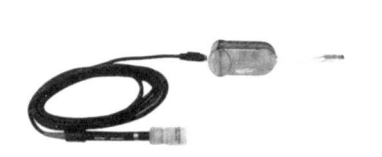

图 4-15　溶解氧传感器的连接

注意事项: 在传感器读数平衡的过程中要缓慢地搅动溶解氧传感器探头,探针上的钢条必须在水面以下,使传感器在不碰到容器底部的时候浸在水中,探针表面的金属环至少浸在水面以下 1 cm。

提出问题:

我们可以借助溶解氧传感器研究哪些问题?

师生讨论：

- 自来水、饮用水、池塘水、各种河水中溶解氧含量的测查。
- 同一份水样，加热到不同温度时测量溶解氧的含量；加热到_____℃，停止加热后，探究溶解氧含量的变化情况。（注意：水样分装在若干个小烧杯中，多点采集，不可以在同一份样品中长时间用传感器测量溶解氧的含量）
- 同一份水样，分为A、B两份，添加不同量的亚硫酸钠，探究溶解氧的变化情况。研究亚硫酸钠对溶液溶解氧的影响。
- 其他重金属、酸碱、生活污水的添加会不会影响溶解氧的含量情况？

准备含有各种杂质（洗衣粉、油脂、洗洁精、茶叶渣、铵盐……）的水，存放一个星期之后，测量其中溶解氧含量的变化情况。

- 研究绿色植物光合作用对水体溶解氧的影响。

实践4　热污染、化学污染对溶解氧的影响

设计思路：

让学生研究温度、亚硫酸钠（一种在未经处理的工业污水中的常见化合物）等无机盐、有机杂质对水溶液中溶解氧浓度的影响；分析污水中亚硫酸盐及相关化合物是如何影响水体中的溶解氧的；在实验的过程中熟悉溶解氧传感器的使用。学生通过实验知道影响水中溶解氧变化的因素，提升环境保护的意识和社会责任感。

仪器及药品：

仪器： 带USB接口的计算机、USB接口的数据采集器、PASPORT USB连接器、PASPORT溶解氧传感器、DataStudio软件、铁架台、试管夹、250 mL烧杯、酒精灯、火柴、玻璃棒

药品： 蒸馏水、2 mol·L^{-1}亚硫酸钠溶液、生活中常见的水体污染物（洗衣粉、油脂、洗洁精、茶叶渣等）

参考资料：

表 4-7 水中不同情况溶解氧的参考数据

水的情况	溶解氧含量($mg \cdot L^{-1}$)
新取的自来水	6.4
加热到 40 ℃ 的水	3.5
浑浊的自来水（加进新鲜的土壤）	6.3
有生命物加入密闭不透明容器过了 5 天的自来水	0.5
每 200 mL 自来水加入 1 滴 2 $mol \cdot L^{-1}$ 的亚硝酸钠	6.8
每 200 mL 自来水加入 2 滴 2 $mol \cdot L^{-1}$ 的亚硝酸钠	2.2
每 200 mL 自来水加入 3 滴 2 $mol \cdot L^{-1}$ 的亚硝酸钠	0.3

装置连接：

1. 将 USB 连接器或 Xplorer 插入计算机的 USB 接口或 USB 集线器。

2. 将溶氧传感器插入 USB 连接器或者 Xplorer。PASPORTAL 窗口会自动启动。

亚硫酸钠的影响：

1. 用烧杯取 200 mL 自来水 2 杯，编号为 A 和 B。

2. 先测样品 A，用溶解氧传感器轻轻且不断地搅拌。按启动键（▶ 启动）开始收集数据。

3. 监测数据稳定后水中溶氧浓度，一旦情况稳定记录 30 秒数据。

4. 向样品 B 中滴加 1 mL 2 $mol \cdot L^{-1}$ 的亚硫酸钠溶液。

5. 继续搅拌并记录数据直至反应结束，然后再按（■ Stop）按钮停止记录。

6. 分析数据，解释原因。

温度的影响：

1. 用烧杯取 200 mL 自来水 2 杯，编号为 C 和 D。

2. 先测样品 C，用溶解氧传感器轻轻且不断地搅拌。按启动键

(▶启动)开始收集数据。

3. 监测数据稳定后水中溶氧浓度,一旦情况稳定记录30秒数据。

4. 对样品D使用酒精灯加热至40 ℃(可用温度计或温度传感器)。

5. 继续搅拌并记录数据直至反应结束,然后再按(■Stop)按钮停止记录。

6. 分析数据,解释原因。

各种杂质的影响:

1. 用带盖的塑料瓶盛装等量的自来水,编号1、2、3、4……。

2. 测量此时的溶解氧含量。

3. 分别加入各种杂质(模拟自然界水体被污染)。

4. 存放1个星期。

5. 再测溶解氧含量。

6. 分析数据,解释原因。

拓展实验:

植物与溶解氧

研究水生绿色植物光合作用对水体溶解氧的影响。

1. 准备3个带盖塑料容器,编号为A、B、C。

2. A瓶盛自来水,B、C瓶均盛自来水和一棵水草,C瓶保存在阴暗处。

3. 放置1个星期,对比放置前后溶解氧含量的变化。

第三节 仪器操作指导

在科学研究的征程中,现代检测仪器犹如熠熠生辉的明珠,发挥着举足轻重的作用。以分光光度计为例,它凭借对光谱的精准剖析,能够快速准确地测定物质的组成与浓度,为化学反应的定量分析、生物分子的结构探究等众多领域提供坚实的数据支撑,助力科研人员洞察微观世界的奥秘。气相色谱仪则以其卓越的分离效能,将复杂混合物中的各组分逐一"抽丝剥茧",在环境监测中精准捕捉污染物的踪迹,在药物研发里精确剖析有效成分的含量,为科学决策筑牢根基。旋蒸仪在样品的提纯与分离环节大显身手,高效去除溶剂杂质,为后续实验获取纯净的实验材料,确保实验结果的可靠性与重复性。这些仪器如同科研工作者的得力助手,让科学研究的每一步都走得更加稳健、精准,推动着科学知识的边界不断拓展延伸。在进行创新特需课题的研究之前,教会学生使用这些仪器,如同打开了课题研究的大门,学生们有了研究工具,更容易投入到研究中。

一、旋转蒸发仪

设计思路:

首先要给学生介绍旋转蒸发仪,它是传统蒸馏方法的补充。旋转蒸发仪在实验室中主要用于溶剂蒸发、产物浓缩、产物提纯等工作。当采用萃取法提纯物质时,萃取液可以采用旋转蒸发的方法浓缩,包括色谱分离时的接收液的提纯,也可以采用该方法。

构成与原理:

旋转蒸发仪的构成包括加热系统、旋转系统、真空系统、冷凝系统及接收系统。其具体装置组成如图 4-16。

图 4-16 旋转蒸发仪的组成

旋转蒸发仪的基本原理是基于蒸发的基本过程，使溶剂蒸发。将蒸馏烧瓶固定在旋转装置中，并部分浸没于加热水浴锅中。在水浴中加热溶剂，使溶剂蒸发，同时也可防止温度过高导致部分物质发生副反应。通过旋转的方式可以增大液体的表面积，从而加速溶剂的挥发。蒸发出来的蒸气通过冷凝器被冷凝为液体，然后通过收集瓶收集。该过程一般在减压条件下进行，通过真空泵系统降低压力，可以降低溶剂的沸点，进一步提高蒸发的效率，也避免了过高温度可能导致被提纯物质发生副反应。

操作流程：

将旋转蒸发仪的各个部分（蒸馏烧瓶、冷凝器、接收瓶、真空泵等）连接完整。一般实验室中，除蒸馏烧瓶和接收瓶，其他部分均已搭建好。

关闭放空阀门，连接真空泵、蒸发仪的电源，打开真空泵和冷凝水，将蒸馏烧瓶连接旋转系统，并确保装置具有一定的真空度，防止蒸馏烧瓶脱落。调整旋蒸主机的高度，使蒸馏烧瓶液面与水浴锅液面相平。打开旋转开关，并调整转速。打开加热功能，并根据溶剂的沸点设定加热温度。

待冷凝管没有液滴滴下时，可结束旋蒸。停止旋转，将蒸馏烧瓶移离水浴锅，一手扶住烧瓶，一手打开放空阀门，待真空度降低后取下蒸馏烧瓶或接收瓶。关真空泵、加热开关、蒸发仪和冷凝水。根据需要，取出所需要的物料。

最后清洗实验用品，整理实验设备。

注意事项：

教师在介绍仪器时会特别强调使用时的注意事项，防止在实验的过程中造成伤害事故，或是由于操作不当而得不到目标产品。比如：

1. 旋蒸过程中蒸发速度不能太快也不能太慢，当冷凝液成线状滴下时说明蒸发速度太快；

2. 控制好水浴温度和真空度，防止物料暴沸冲入冷凝器；

3. 恒温槽通电前必须加水，不允许无水干烧；

4. 旋蒸开始时，先接入蒸馏烧瓶，再抽真空，然后开动旋转；

5. 旋蒸结束时，先停止旋转，再破真空，然后取下蒸馏烧瓶；

6. 加入蒸馏烧瓶内的物料体积不能超过烧瓶容积的50%；

7. 及时倒掉接收瓶内溶剂，避免旋蒸过程中溶剂进入冷凝器。

二、紫外-可见分光光度计(Cary60)

原理介绍：

教师在介绍紫外-可见分光光度计的使用方法前，首先普及仪器的测定原理。紫外-可见分光光度计是在利用紫外-可见分光光度法原理的基础上，根据物质对应分子对紫外可见光的吸收特点来进行分析的一种实验仪器。由于分子的结构中存在不同的基团，而基团在吸收了紫外可见光后，其结构内部发生了电子能级跃迁，从而产生一定特点的吸收光谱，根据不同基团的结构特点，可知其特有且固定的吸收光谱曲线。根据其中峰的强度和吸收光的波长，可判别或测定该物质的含量。该方法既包含了定性分析，同时也结合了定量分析。

仪器构成：

主要由光源、单色器、样品池、检测器和信号显示系统等部件组成。

光源：分光光度法首先需要光才可以进行工作，需要提供入射光以进行后续的分析过程。常见的入射光光源有热辐射光源和气体放电光源。热辐射光源一般用于可见光区的物质测试，装置一般采用钨灯和卤钨灯，其波长范围在350—1000 nm；气体放电光源常用于紫外光区的物质测试，装置一般采用氢灯和氘灯，其连续波长范围是180—360 nm。

单色器：光源所提供的入射光为复色光，通过单色器可以分解为单色光，以提供后续实验需要的单色光束，它是分光光度计的重要组成部分。

样品池:在实验中一般使用比色皿作为样品池,以盛装进行分光光度测试的试液。比色皿的底部和两侧棱采用毛玻璃材质,其余表面为透光面。在测试过程中,为确保光可被充分吸收,且为了减少光的反射所造成的损失及误差,务必将比色皿的透光面完全垂直于光束方向,同时需要注意手持比色皿时不要将手指与透光面接触。常见的比色皿有玻璃和石英两种材质,玻璃材质的一般用于可见光光区的物质测试,石英材质的一般用于紫外光区的物质测试。

检测器:此零件相当于分光光度计的"视神经系统",通过比色皿的光,被检测器接收,检测器再将光信号转变为电信号。在测量样品的吸光度时,其本质是将光的强度转换为电流信号,再进行分析。

信号显示系统:该系统直接连接检测器,将检测器输出的信号进行放大,连接显示装置或电脑,呈现出谱图或数据。下图为 Cary60 的内部光路图。

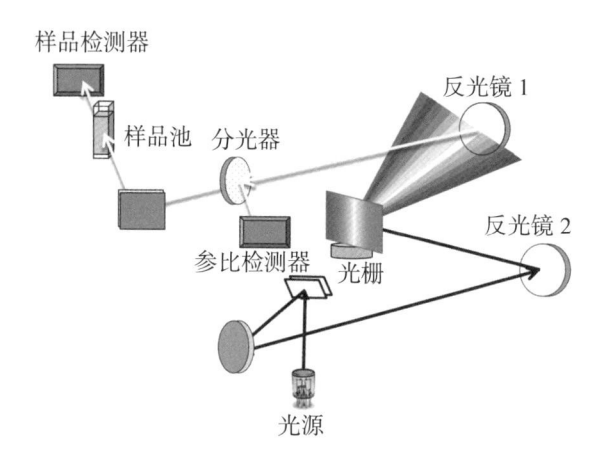

图 4-17　Cary 60 的光路图

定性、定量检测基本操作过程如下：

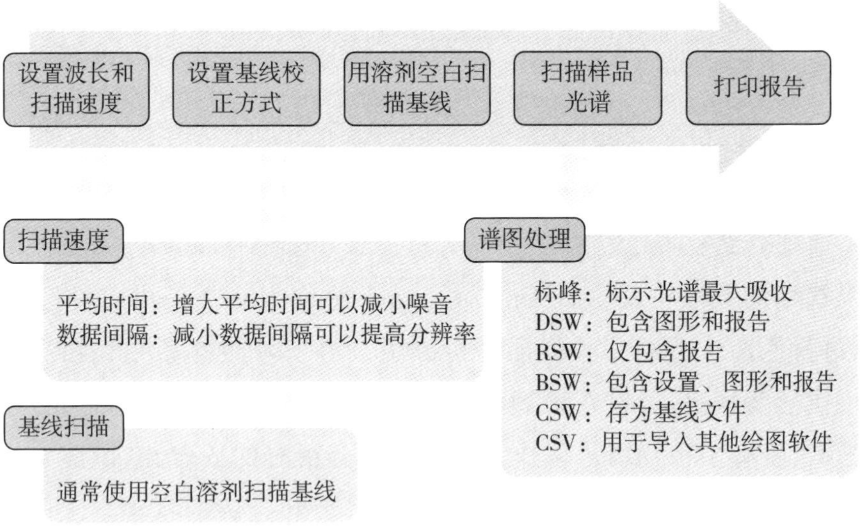

设置波长和扫描速度 → 设置基线校正方式 → 用溶剂空白扫描基线 → 扫描样品光谱 → 打印报告

扫描速度
平均时间：增大平均时间可以减小噪音
数据间隔：减小数据间隔可以提高分辨率

谱图处理
标峰：标示光谱最大吸收
DSW：包含图形和报告
RSW：仅包含报告
BSW：包含设置、图形和报告
CSW：存为基线文件
CSV：用于导入其他绘图软件

基线扫描
通常使用空白溶剂扫描基线

图 4-18　定性、定量检测基本操作 1

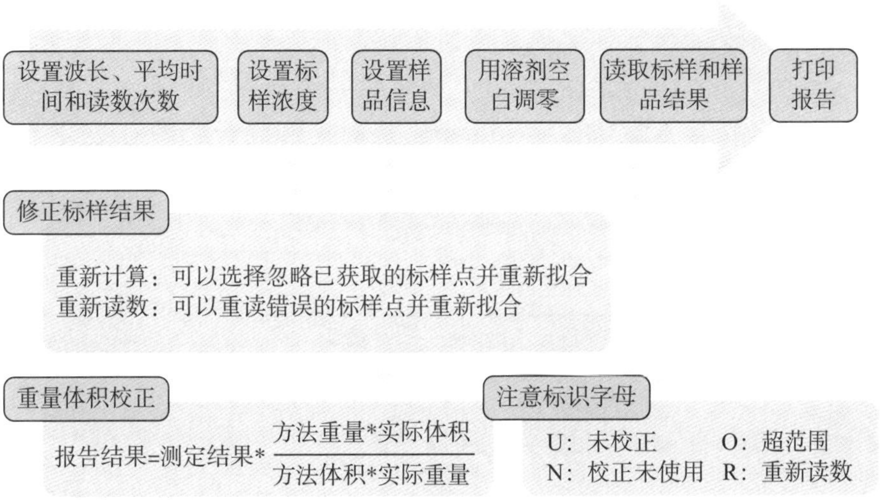

设置波长、平均时间和读数次数 → 设置标样浓度 → 设置样品信息 → 用溶剂空白调零 → 读取标样和样品结果 → 打印报告

修正标样结果
重新计算：可以选择忽略已获取的标样点并重新拟合
重新读数：可以重读错误的标样点并重新拟合

重量体积校正
报告结果=测定结果*$\dfrac{\text{方法重量}*\text{实际体积}}{\text{方法体积}*\text{实际重量}}$

注意标识字母
U：未校正　　O：超范围
N：校正未使用　R：重新读数

图 4-19　定性、定量检测基本操作 2

提出问题：

紫外-可见分光光度计可以应用于哪些方面的检测呢？

在水质测试中，时常采用紫外-可见分光光度法。水或废水成分较复杂,检测容易受到许多干扰。常规的紫外-可见分光光度法可以检测蛋白质、部分氨基酸、葡萄糖、维生素 C、硝酸盐、金属汞,以及植物中的叶绿素、酶活性等。

三、气相色谱仪

原理介绍:

气相色谱法(Gas Chromatography,简称"GC")是以气体作为载气,进行色谱分析的一种仪器分析方法。由于待测样品在气相流体中的传质速度很快,可以在极短时间内达到多相(流动相和固定相)之间的平衡,且有多种物质可以作为气相色谱分析时的固定相,因此气相色谱法是分析速度快且分离效率高的一种分析和分离的实验方法。近年来,随着仪器灵敏度的不断提高,气相色谱中的检测器也得益于此,使得气相色谱的分析效率和灵敏度进一步提升,应用范围也由此变广。

实验流程:

GC 的工作原理主要是利用不同物质的沸点、极性存在差异,且对不同物质的吸附性质、能力存在差异,从而实现混合物的有效分离,其过程如图 4-20 所示。

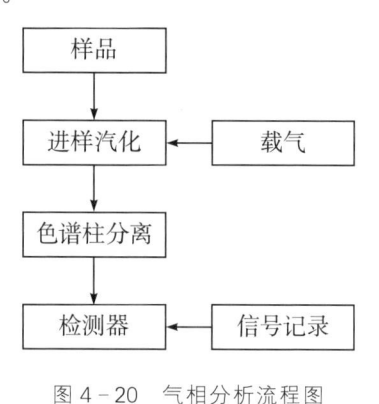

图 4-20 气相分析流程图

首先将样品汽化,随后通过惰性气体(即载气,也叫流动相,常用氮气)带入色谱柱中,色谱柱内含有固定相,常用液体或固体作为固定相。

由于物质在多相之间会形成相平衡,而在载气的条件下,平衡易受到影响且不易达到平衡,因而样品组分容易随着载气流动,易从固定相中脱附。在载气中,较高浓度的组分会先流出色谱柱,低浓度的组分后流出,随后浸入检测器。检测器能够将样品组分转变为电信号,且组分的浓度越高,信号越强。根据不同的组分浓度,即可得到气相色谱图,如图 4-21。

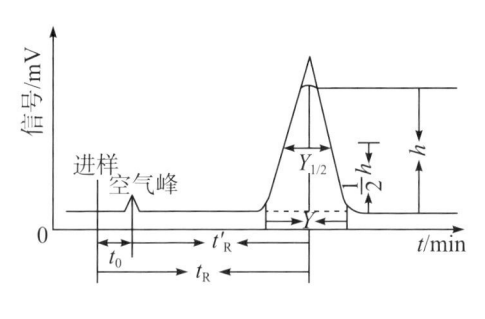

图 4-21 气相色谱图

仪器构成:

气相色谱仪由以下五大系统组成:气路系统、进样系统、分离系统、温控系统、检测记录系统。组分需要有效分离,其核心在于色谱柱中的固定相与流动相之间的平衡;分离后需要通过检测器的高灵敏度才可有效且准确地检测出不同组分的浓度。

问题提出:

气相色谱在中学实验中使用不多,只有在创新实验中才可能涉及。请大家翻阅资料,查询气相色谱在工农业生产、科学研究中有哪些应用。

在化工产业中,需要对进入设备的原料,以及分离或反应过程中的许多物质、产品进行分析,从而确保化工厂的产品能够高效、安全地生产,此时往往采用气相色谱法来分析,可以短时间内检测出产线中是否存在问题;在电力部门中可用来检查变压器的潜伏性故障;在环保有关产业中,对于大气检测和水质分析,也可采用该方法;在农业上或检疫上,可用气相色谱来分析农作物中是否有农药残留;在食品检验相关产业中,可以鉴定食品质量以及食品是否变质;在医学上,也可以用于化验,进一步检查人体的新陈代谢、生理机能,以及用于常规的生化检查;在临床上,可鉴别药物中毒的原因以及部分疾病的类型;在太空中,可用来自动监测太空舱中的气体组分、含量等,确保宇航员的安全。

第四节　跨学科实践活动

中学化学跨学科实践活动像一座知识的桥梁,巧妙地将化学与诸多学科紧密相连,为创新思维的培育搭建起广阔的舞台。在这些活动中,学生不再局限于单一的化学视角,而是将物理的原理、生物的规律、数学的逻辑等多元知识融会贯通。这一过程促使学生突破思维定势,从多维度审视问题,激发他们主动探索、大胆创新的欲望。团队协作的模式更让不同学科思维相互碰撞、融合,为创新思维的火花提供养分,为学生未来在复杂多变的科学领域中勇攀高峰筑牢根基,真正实现从知识的积累到创新思维的飞跃。

在实验课程的教学中,以分组的形式展开跨学科的数字实验,学生在团队协作中解决问题。

实践1:测定冰的熔化热

背景材料:

熔化热是指单位质量的晶体在熔化时变成同温度的液态物质所需吸收的热量,也等于单位质量的同种物质,在相同压强下的熔点时由液态变成固态所放出的热量。常用单位为 $J \cdot kg^{-1}$ 或 $J \cdot mol^{-1}$。

熔化和冻结行为是赋予纯净物质独特性质的特征之一。随着能量的增加,在 0 ℃时的纯固体水(冰)变成了 0 ℃时的液态水。

在这个实验中,学生将确定融化一克冰所需的能量(单位为J),然后就可以确定冰的摩尔熔化热(单位是 kJ·mol^{-1})。

要计算水吸收的热量,可以使用这个关系式:
$$Q = c \cdot m \cdot t$$

其中 Q 为热量,c 为比热容,m 为质量,单位为 g,t 为温度变化量。对于水,c 是 4.18 J·g^{-1}·℃$^{-1}$。

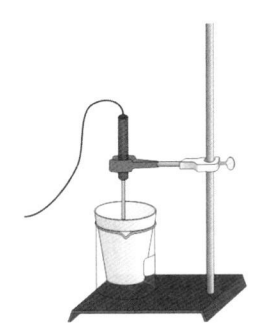

图 4-22　冰的熔化热测定装置

实验目的:
测定冰的熔化热。
实验用品:(勾选你需要的实验用品)
试剂:□冰块、□温水
仪器:☑数据采集器、□pH 传感器、□温度传感器、□烧杯、□玻璃棒、□量筒、□胶头滴管、□洗瓶、□铁架台、□一次性纸杯、□铁架台(含铁架)、□烧杯、□TI 图形计算器
其他:＿＿＿＿＿＿＿＿＿＿＿＿＿＿＿＿＿＿＿＿＿＿＿＿＿＿＿＿＿＿＿＿。
实验原理:
＿＿＿＿＿＿＿＿＿＿＿＿＿＿＿＿＿＿＿＿＿＿＿＿＿＿＿＿＿＿＿＿＿＿＿＿
实验步骤:
(可供参考的实验步骤如下,请选择其中的一些或全部,可重复选用,也可自行设计其他实验步骤,调整顺序后用自己的语言来重新表述)
1. 组装装置。
2. 将探头放入温水中(离底部约 1 厘米处)。
3. 当温度达到 4 ℃左右时,迅速用钳子取出未融化的冰。继续搅拌,直到温度达到最小值(并开始上升)。这个最小温度是水的最终温度,记为 t_2。在数据表中记录 t_2。

4. 选择"开始"开始监测温度。图的右上角显示温度读数,以℃为单位。等待一段时间,直到温度达到最大值(将需要几秒钟的时间,令探头达到温水的温度)。
5. 数据采集将在8分钟后停止(或在8分钟后按键停止)。
6. 用100毫升的量筒测量聚苯乙烯泡沫杯中剩余的水的体积,最接近0.1毫升。记录为 V_2。
7. 当温度接近 0 ℃时,用搅拌棒搅拌混合物。重要提示:当冰融化时,加入更多的大冰块,让混合物充满冰。
8. 数据处理。

实验数据处理:

(设计并填写数据表格,写出重要的数学关系式,将必要的数据图像打印粘贴在适当位置。)

已测定数据如下:

水中不同情况溶解氧的参考数据

初始水温 t_1	_____ ℃
初始水温 t_2	_____ ℃
水温的变化 t	_____ ℃
最终水量 V_2	_____ mL
初始水体积 V_1	_____ mL
冰体积	_____ mL
冰融化的质量	_____ g
冷却水释放的热量($Q=c·m·t$)	_____ J
冰的熔化热	_____ J·g^{-1}
冰的摩尔熔化热	_____ kJ·mol^{-1}
误差百分比	_____ %

误差分析:(对实验结果进行误差分析,对实验结果偏大或偏小的原因作出合理解释)

实践2：探究离子反应中的电导率变化

背景材料：

物质是否能导电的前提是：①存在带电微粒；②带电微粒能发生定向运动。

绝大多数盐和碱属于由离子构成的电解质，固体时正、负离子紧密排列，相互作用强，在外电场作用下，正、负离子不能自由移动，不导电（存在离子，但不能定向运动）；在水溶液中，由于水分子作用，破坏了原来正、负离子间的强烈相互作用，固体溶解并形成了自由移动的水合正、负离子，在外电场的作用下，水合正、负离子定向移动，溶液导电。溶液是离子导体（导电微粒是离子）。

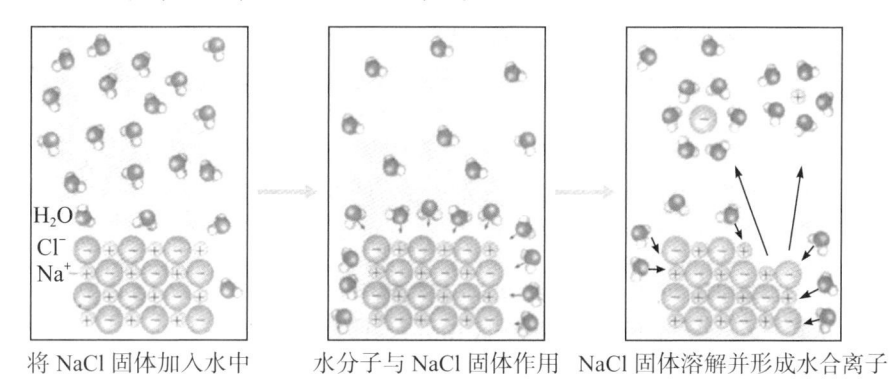

将 NaCl 固体加入水中　　水分子与 NaCl 固体作用　　NaCl 固体溶解并形成水合离子

图 4-23　溶液中的离子

绝大多数酸属于由分子构成的电解质，本身不存在带电微粒，在外电场作用下不导电（无带电微粒）；在水溶液中，由于水分子作用，破坏了分子内部原子或原子团之间强烈的相互作用，形成了自由移动的水合正、负离子，在外电场的作用下，水合正、负离子定向移动，溶液导电。

绝大多数有机物属于由分子构成的非电解质，本身不存在带电微粒，在外电场作用下不导电；在水溶液中，水分子作用不能破坏分子内部原子或原子团之间强烈的相互作用，只能破坏分子间的相互作用，没有形成带电微粒，在外电场的作用下，溶液不导电。

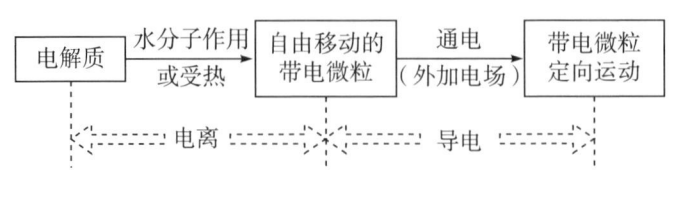

```
电解质 →(水分子作用或受热)→ 自由移动的带电微粒 →(通电外加电场)→ 带电微粒定向运动
           电离                           导电
```

图 4-24 电解质在水溶液中的电离

像酸、碱、盐这样的电解质,在水溶液中形成可以自由移动离子的过程称为电离。电离是物质本身的性质,与是否通电无关,可以通过外电场作用下水溶液是否导电来判断物质是否电离。

仪器设备:

溶液是离子导体,其导电能力与溶液中自由移动的离子的浓度、种类有关。电导率也称为导电率,能够定量地表示溶液导电能力的强弱。在相同条件下,离子总浓度越大,溶液的导电能力越强,电导率也越大。

电导率传感器是专用于测定溶液电导率的仪器,属于中学化学手持式数字化实验系统中的一种。将传感器与传统化学实验仪器相结合,在进行实验过程中通过传感器采集相应物理量的实时数据,并传送到数据采集器,经电脑软件处理后,以数据或图表的形式呈现实验结果。如图 4-25 所示。

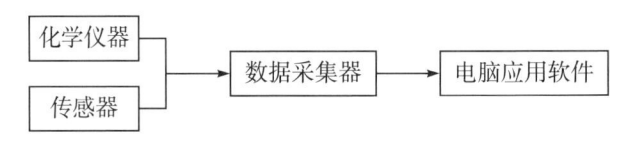

```
化学仪器
          → 数据采集器 → 电脑应用软件
传感器
```

图 4-25 传感器的连接

磁力搅拌器是用于液体混合的实验室仪器,主要用于搅拌或同时加热搅拌低黏稠度的液体或固液混合物。其基本原理是利用磁场同性相斥、异性相吸的原理,使磁场推动放置在容器中带磁性的搅拌子进行圆周运转,从而达到搅拌液体的目的。配合加热温度控制系统,可以根据具体的实验要求加热并控制样本温度,维持实验条件所需的温度条件,保证液体混合达到实验需求。

本实验的仪器安装方式如图 4-26：

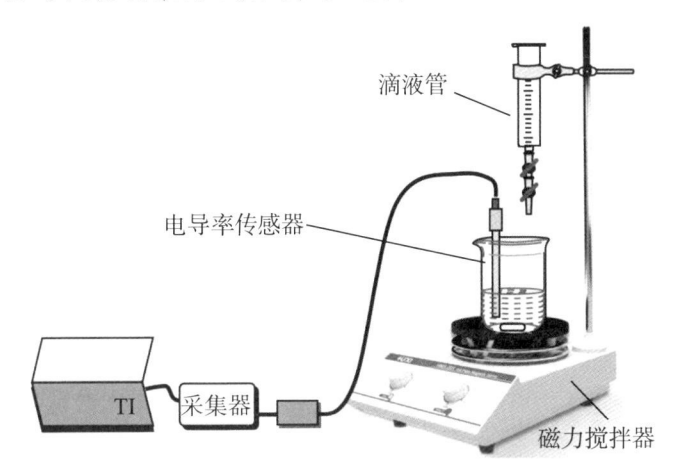

图 4-26 电导率测定仪器安装

实验要求：

完成稀硫酸与氢氧化钡的反应,观察宏观现象,使用传感器设备探究反应过程中的离子浓度变化。

实验目的：
探究离子反应中的电导率变化。
实验用品：(勾选你需要的实验用品)
试剂：□稀硫酸、□氢氧化钡、□酚酞
仪器：□数据采集器、□pH 传感器、□电导率传感器、□烧杯、□玻璃棒、□量筒、□胶头滴管、□洗瓶、□铁架台、□滴液管、□磁力搅拌器(含磁子)、□铁架台(含铁夹)、□烧杯、□TI 图形计算器
其他：_____。
实验原理：

实验步骤：
(可供参考的实验步骤如下,请选择其中的一些或全部,可重复选用,也可自行设计其他实验步骤,调整顺序后用自己的语言来重新表述)

1. 单击软件中的采集按钮。
2. 打开滴液管活塞,向烧杯中滴加稀硫酸,调节为每秒钟4—5滴。
3. 观察烧杯中溶液出现的现象和屏幕上溶液电导率曲线的变化。
4. 实验结束后,关闭滴液管活塞,停止滴液,停止数据采集,保存实验曲线。
5. 在磁力搅拌器上放一个100 mL烧杯(带搅拌磁子),将电导率传感器、滴数传感器、数据采集器与电脑连接。
6. 添加相关溶液。
7. 启动软件进行操作设置。

结果记录：(保存并打印本实验的电导率曲线变化结果)

结果讨论：(运用背景材料知识,解释实验结果与曲线变化)

化学反应方程式：

离子反应方程式(用实际参与反应的离子表示化学反应)：

宏观现象：

微观解释：

问题与反思：

实践3：比色法测定胆矾中结晶水含量

背景材料：

硫酸铜晶体(化学式设为 $CuSO_4 \cdot xH_2O$)的结晶水含量测定有多种方法,在上科版高中化学必修教材中给出了重量法测定的项目化学习的方案,其利用加热胆矾晶体使其失去结晶水的方法来求算结晶水含量。而在本次数字实验挑战赛中,我们将尝试使用比色分析法来求算 x 的值。

比色分析是一种基于溶液对光的选择性吸收而建立起来的分析方法。光是一种电磁波,而自然光就是由不同波长(400—700nm)的电磁波按一定比例组成的混合光,通过棱镜可将其分解成红、橙、黄、绿、青、蓝、紫等各种颜色相连续的可见光谱。如把两种光以适当比例混合而产生白光感觉时,则这两种光的颜色互为补色。[①]

当白光通过溶液时,如果溶液对各种波长的光都不吸收,溶液就没有颜色。如果溶液吸收了其中一部分波长的光,就呈现透过溶液后剩余部分光的颜色。由此可见,有色溶液的颜色是被吸收光颜色的补色。吸收得越多,则补色的颜色越深。比较溶液颜色的深度,实质上就是比较溶液对它所吸收光的吸收程度。溶液的浓度越大,颜色越深,则溶液对光的吸收作用也越大,即吸光度(A)也越大。利用色度计测定不同溶液的吸光度大小,就可以定量测定溶液的浓度。

表4-8 溶液的颜色与吸光度之间的关系[②]

溶液颜色		绿	黄	橙	红	紫红	紫	蓝	青蓝	青
吸收光	颜色	紫	蓝	青蓝	青	青绿	绿	黄	橙	红
	波长(nm)	400—450	450—480	480—490	490—500	500—560	560—580	580—600	600—650	650—760

在比色分析中,当入射光强度一定时,只要我们保持液层厚度不变,那么通过比色计测得的吸光度(A)与溶液的浓度(c)必然存在某一确定的函数关系。在我们测定了若干个不同浓度溶液的吸光度之后,就可以通过这些数据拟合出一条工作曲线,横坐标是溶液浓度 c、纵坐标是吸光度 A。而后,如果我们想要知道某一硫酸铜溶液的浓度时,只

---

① 胡乐乾,孙旭镯.分析化学[M].北京:化学工业出版社,2024:266.
② 石慧,刘德秀.分析化学[M].北京:化学工业出版社,2020:315.

要先测定该溶液的吸光度,然后就可以将吸光度代入标准曲线来求算溶液的浓度。

备注:1. 为减小误差,实验中所配制的硫酸铜溶液浓度不宜超过 $0.2\ mol·L^{-1}$;

2. 色度计有红黄蓝三种不同频率的入射光,实验时请合理选择。

实验目的: 比色法测定胆矾中结晶水的含量。
实验用品:(勾选你需要的实验用品) 试剂:□无水硫酸铜、□硫酸铜晶体 仪器:□数据采集器、□色度计(含比色皿)、□电子天平、□玻璃棒、□烧杯、□量筒、□100mL 容量瓶、□胶头滴管、□洗瓶 我们所选择的色度计入射光为:□红、□黄、□蓝。理由是: _____。
实验原理:
实验步骤:(可供参考的实验步骤如下,请选择其中的一些或全部,也可自行设计其他实验步骤,调整顺序后用自己的语言来重新表述) 1. 横坐标是溶液浓度 c,纵坐标是吸光度 A 的标准曲线。 2. 以胆矾为原料配制硫酸铜溶液。 3. 以无水硫酸铜为原料配制硫酸铜溶液。 4. 测定未知溶液的吸光度,通过标准曲线求算其溶液浓度。
实验数据处理:(设计并填写数据表格,写出重要的数学关系式,将必要的数据图像打印粘贴在适当位置。)
误差分析:(对实验结果进行误差分析,对实验结果偏大或偏小的原因作出合理解释。)

第五章

化学创新特需课题研究的实施

第一节 引导选题方向

课题研究的选题为学生整个研究指明方向,一个恰当的选题能够直接关联研究的深度与广度,选题的好坏决定了能否挖掘出具有创新性、前瞻性的学术成果,关乎研究能否在学科领域内拓展边界。优秀的选题往往紧扣学科前沿、社会热点或实际需求,其研究成果不仅能加深对学科理论的理解,还能为解决现实问题提供有力支持,具有深远的学术与社会意义。同时,选题的难易程度要与学生的知识储备、能力水平相匹配,选题要能够充分调动学生的积极性与主动性,让研究过程充满挑战与成就感,进而提升学生的创新素养。因此,课题研究的选题是成功的关键一步,需反复斟酌、精心打磨,以确保研究能顺利进行,学生能收获丰硕成果。

那么,如何选择合适的课题进行研究呢?这是学生在研究过程中最受困扰的环节。教师需要引导和帮助学生选择合适的课题。第一,要立足于兴趣与热情,兴趣是最好的导师,能激发持续探索的动力。比如,若对环境保护充满热情,便可围绕环境污染治理、生态修复等方向选题。第二,关注学科前沿与热点,通过查阅最新学术期刊、听讲座等途径,捕捉新兴的研究领域与尚未解决的关键问题,如当下热门的新能源材料研发、人工智能在化学中的应用等,这些前沿课题往往具有较高的研究价值与创新性。第三,结合实际需求与社会热点也是选题的良策。聚焦于社会生活中亟待解决的化学相关问题,如食品安全检测、药品质量控制等,研究成果能直接服务于社会,体现研究的实用价值。第四,充分审视自身知识储备与研究能力,选择既具有一定挑战性又能充分发挥自身优势的课题,确保研究过程能顺利推进。最后,教师依据其丰富的经验,为学生选题提供宝贵的参考与建议,帮助优化选题方向,使课题更具科学性、可行性和创新性，为后续深入研究奠定坚实基础。

一、课题研究的方向指引

在学生感兴趣的研究课题中，确实存在着多种多样的类型，每一种类型都以其独特的魅力激发着学生的好奇心和探索欲。这些课题不仅覆盖了化学领域的广泛知识，而且也反映了化学学科的实践性和创新性。

1. 元素的检测

元素含量检测类课题通常涉及使用各种分析技术来确定物质中特定元素的含量。这类课题能够让学生掌握化学分析的基本原理和操作技能，比如使用光谱分析、色谱分析或质谱分析等技术。通过这些实验，学生能够学习如何精确测量和分析数据，这对于培养他们的实验技能和科学思维至关重要。

2. 物质性质的研究

物质性质定性研究型课题更侧重于探索和确定物质的化学和物理性质，如反应性、稳定性、溶解性等。这类课题鼓励学生通过实验来观察和记录物质的行为，从而推断其内在的性质。这种类型的研究有助于学生理解化学理论如何应用于实际问题，并且能够激发他们对化学现象背后原理的深入思考。

3. 新材料的开发

新材料的开发型课题是化学研究中最具创新性的领域之一。这类课题要求学生设计和合成新型材料，这些材料可能具有前所未有的性能，比如更高的强度、更好的导电性或更优的生物兼容性。在这类课题中，学生需要运用他们的化学知识来解决实际问题，比如能源存储、环境保护或医疗设备的开发。这种跨学科的挑战不仅能够增强学生的创新能力，还能让他们看到化学如何推动科技进步和社会变革。

不同类型的研究课题为学生提供了广泛的学习机会，使他们能够在实践中深化理论知识,培养实验技能,激发创新思维。通过参与这些课题,学生不仅能够获得宝贵的研究经验,还能够为未来的学术研究或职业生涯打下坚实的基础。

二、实践案例

以"上海市内、中、外环道路灰尘、土壤、行道树中典型金属和微生物含量的测定与比较"这个课题的整个研究过程为例,剖析化学创新特需课题研究是如何开展的。

研究背景:

学生小方对化学实验有着浓厚的兴趣,常常对身边的化学问题产生好奇,经过化学实验拓展课、通识课的学习,她非常关注环境问题,对一切对空气产生污染的因素都有探究的热情。她认为自己能够在很好地完成课内学习的情况下,有潜力和能力完成一个化学课题的研究,这个课题最好是有关环境问题的。随着社会的发展,人们对自身生活环境日益关注,都很重视空气质量,如果人们连干净的空气都呼吸不到,就更不要提健康地工作和学习了。

教师引导:

跟环境相关的问题一般就是大气和水质研究,水质研究可以通过测定水中的某些污染物质来评估污染情况,大气的研究需要测定大气污染物。那么是研究大气还是研究水质,可以先查阅文献看看已有的研究有哪些。

查阅文献:

通过查阅文献,发现水质相关的研究比较多,方法相对容易一些;而大气相关的研究相对较少,但是对于中学生来说难度较大。

教师引导:

大气研究的难度一方面在于取样,气体的取样对容器的密封性要求很高,且气体成分保持恒定难度很大;另一方面是几个污染气体指标的测定方法相对复杂。所以建议研究方向定为气体中重金属元素的测定，既能评估空气的污染程度，研究方法又能简单一些，研究范围也会更聚焦一些。

城市街道灰尘的组成和来源复杂，因为一些人类活动如汽车运输、工业生产和城市建设等的影响，其中会有大量重金属元素存在，这是城市环境重金属污染的重要原因。空气质量的检测指标里新增了$PM_{2.5}$指数，这些直径小于或等于2.5微米的颗粒物除了会被直接吸入体内外，最终还会落到地面成为道路灰尘，而这些灰尘中的重金属污染物在大风天气又会变成扬尘飞到空气中，对城市环境造成危害。空气中污染成分的测定难度很大，要求很精密的仪器，所以人们就把检测对象转向了道路灰尘，通过灰尘中重金属的检测来间接地推测和评价空气质量。

最终建议学生的研究课题确定为"上海市内、中、外环道路灰尘、土壤、行道树中典型金属和微生物含量的测定与比较"。

第二节 审核研究项目

每个化学创新特需的课题都需要经过统一的审核与答辩，教师们会就收到的课题申请与学生进行面对面的交流，这个过程可能会涉及对项目创新性、可行性以及学生研究能力的评估。学科评委老师每组3人，事先审阅学生递交的报名材料，准备相关的面试题目。报名学生按照相应的组别进行面试，评委交流打分确定入选名单。整个申报过程虽然充满挑战，但也充满了机遇。对于那些能够成功通过初审和面试答辩的学生来说，他们将有机会获得学校的支持和资源，开展自己的研究项目，丰富他们的学术经历。

一、项目审核标准

1. 创新性:研究项目应展示独特的教育理念、教学方法或人才培养模式,尤其是那些能够激发学生创新能力和科研兴趣的实践。

2. 代表性:研究项目应具有一定的代表性,能够反映化学教育领域的普遍问题或趋势,或对某一特定群体具有普遍意义。

3. 影响力:研究项目应优先考虑那些对学生学术成就、职业发展或化学科学进展产生显著影响的个案。

4. 可行性:研究项目应考虑到研究资源和条件的限制,选择那些能够实际获取足够信息和数据支持而深入研究的个案。

二、答辩内容框架

在专业教师团队答辩时,设计了几个问题,学生根据问题进行阐述,教师根据学生阐述的情况来评估学生的已有研究基础、研究能力、研究的可能性,项目的创新性。

1. 问题一:研究这个课题的缘由是什么?

学生一般会遵循自己的兴趣,从对什么现象感到好奇的角度来阐述。

2. 问题二:这个课题研究的方向是什么?

学生会阐述这个课题研究什么,往哪个方面去做拓展研究。往往学生提出的研究方向对于教师来说也比较陌生,教师需要从学生的回答中判断研究的物质和方向到底是什么,才能精确地判断这个课题研究的可能性和创新性。

3. 问题三:怎样研究这个课题?

学生大致会阐述研究课题需要经历文献研究、方案选择、制订计划、进行实验、收集数据、反思与交流、形成成果几个环节。

4. 问题四：研究这个课题的价值在何处？

学生可能会回答课题研究的过程对自己自主学习能力的提升作用，课题的研究方法对今后的其他研究的借鉴作用，以及对同伴具有一定的引领作用，更重要的是课题研究的成果有什么社会价值，可能成为后续思考和研究的起点。

实践案例：上海市内、中、外环道路灰尘、土壤、行道树中典型金属和微生物含量的测定与比较

问题一：研究这个课题的缘由是什么？

学生回答：随着社会的发展，人们对自身生活环境日益关注，越来越重视空气质量，洁净的空气有利于人们工作和学习。所以研究与环境相关的问题，对空气成分进行评估，有一定的社会意义。我对上海市各区域的空气质量、道路灰尘污染情况尤其感兴趣，所以想通过检测内、中、外环道路粉尘中的重金属含量来评价空气污染情况，并对某些污染的成因逐一分析，为空气治理提出一些可参考的建议。

问题二：这个课题研究的方向是什么？

学生回答：上海市内、中、外环道路灰尘、土壤、行道树中典型金属和微生物含量的测定与比较，推测产生差异的可能原因，进而提出可行的污染防治措施。

问题三：怎样研究这个课题？

雨后三天取目标路段灰尘、土壤、行道树叶为样品，重金属含量可以通过气相色谱或原子吸收光谱仪来测定，几种常见微生物可以通过培养之后进行测定。根据测定结果分析其成因，并提出可行性防治措施。

问题四：研究这个课题的价值在何处？

本研究对道路灰尘重金属元素含量进行分析，根据测定结果分析评价道路灰尘中重金属污染的状况，从而对上海市内环、中环、外环的污染程度进行比较，以此推测上海市区空气质量最佳的区域，给人们就适合居住的区域提出建设性的建议。

三、制定面试评价工具

"创新素养培育实验项目"面试评分表(总分150分)见表5-1。

表 5-1 "创新素养培育实验项目"面试评分表

关于选题		关于学能	
申报项目明确、研究方向清晰(10分)		具有明确的学习目的和自主学习的能力(25分)	
有一定的理论价值或实践意义(10分)		有探索与创新精神,在某一领域有兴趣、有潜能(25分)	
研究过程和方法有预想(20分)		诚实坦率,以真诚的态度对待学习(10分)	
研究的可行性(10分)		能协调基础学科学习和拓展、实验能力的培养(10分)	
对研究结果有预期和设想(20分)		交流能力及合作精神(10分)	
总分	评估意见	批准申请	不同意申请

面试教师签名:_____

面试教师可根据以上评分标准,结合学生申请表灵活拟定交流面谈的话题,每组面谈时间原则上不超过10分钟;可逐项打分,亦可整体评价,"总分栏"和"评估意见栏"必填,面试教师对相关面试情况做适当的记录。

第三节 聚焦研究方向

在创新特需课题通过审核之后,通常学生的选题研究范围还比较大,聚焦程度不够,往往会超出中学生的研究能力,所以还需要在教师指导下,对课题的研究方向做进一步的调整。在这个过程中,教师需要充分了解学生的已有知识储备和研究计划,可以通过问题引导的方式为研究者照亮前行的方向,帮助学生精准聚焦核心问题,从繁杂的研究背景中筛选出关键要素,使研究目标更加清晰明确。引人入胜的问题能激发学生的探索热情,让他们带着好奇心和求知欲深入挖掘,积极主动地投身于资料搜集、数据分析等研究环节,从而提高研究效率和质量。

一、问题引导

1. 提出启发性问题

每一个科学问题都是对现有理论的挑战,也是对未知领域的探索。培养提出问题的能力就是培养批判性思维,这是创新素养中最关键的一个要素。批判性思维推动着科学不断向前发展,拓展人类对世界的认知边界。针对以上研究课题,如何测定其中的重金属元素,使用什么样的测定方法,使用什么仪器进行检测,如何进行微生物含量的研究,准备在什么区域取道路灰尘和行道树的灰尘,这些问题能够促进学生对自己的研究方向进行深入的思考并修正。

2. 鼓励学生提问

学生根据研究设想会提问:"应该测定哪几种重金属元素的含量?"通过查阅大量资料发现,可以通过分光光度法和原子吸收光谱法等来测量灰尘中重金属元素的含量。"采用哪一种方法最优?"对微生物含量的检测需要对灰尘进行细菌培养,这偏向生物学科研究领域。"应该如何进行细菌培养?"学生带着教师启发性的问题和自己心中的疑问,进行必要的文献学习,从文献中寻找实验方案。

3. 背景知识传授与研究意义的阐述

在科学研究中,文献查阅是构建研究框架的基石。通过广泛搜集和细致分析相关文献,学生能够掌握化学教育的理论基础,包括教学理念、学习理论、评估方法等。同时,通过梳理国内外化学领域的研究现状和发展趋势,可以发现当前已有的成功案例和创新实践。这一过程不仅帮助学生明确研究方向,也为后续的个案选择和研究方法设计提供理论支持和实践参考。文献回顾的结果将指导学生确定研究问题,形成研究假设,并为实验设计提供理论依据。

二、案例解析

案例:上海市内、中、外环道路灰尘、土壤、行道树中典型金属和微生物含量的测定与比较

经过研究,发现有一些对其他省市道路灰尘进行测定的文献,但是对上海市不同区域道路灰尘的检测还没有相关的研究。上海市以市中心为起点,由内向外、由近及远,以内环高架路、中环线、外环线划分为不同的区域。根据一名高中生的研究能力,可以先研究内、中、外环道路粉尘中的重金属含量来评价空气污染情况,并对某些污染的成因逐一分析,为空气治理提出一些可参考的建议。至于微生物的研究可以另外再做其他的课题,使本次研究能够更聚焦于重金属的测定。

作为一项定量实验研究,其对仪器和方法的要求比较高。鉴于研究者是一名高中生,教师建议选择相对简单、容易操控的方法来做研究。X射线荧光光谱法在不破坏样品组成的情况下可以全元素测定,而且制样简单、分析速度快,得到的结果非常稳定可靠。本研究的研究方向精准地确定为选择采用X射线荧光光谱法对道路灰尘重金属元素含量进行分析,从而根据测定结果分析评价道路灰尘中重金属污染的状况,最后课题确定为"上海市内、中、外环道路灰尘重金属含量的测定及污染评价"。

第四节　指导实验过程

实验是验证研究假设、收集实证数据的重要环节。在这一阶段,学生按照设计的实验方案,严格实施实验操作。教师在此过程中除了实施特定的教学方法之外,还需要观察学生的学习行为,指导学生记录实验结果等。进行实验时,学生需要保持严谨求实的态度,控制实验变量,以确保实验结果的有效性和可靠性。同时,教师还要帮助学生对实验过程进行预设,应对一切可能出现的问题,使实验顺利进行。

通过上一个过程,教师引导学生提出问题,使用 X 射线荧光光谱法对上海市内环、中环、外环、外环外道路灰尘样品进行全元素测定,着重对有代表性的 5 种重金属污染元素 Cr、Pb、Cu、Zn、Ni 进行分析,选用《土壤环境质量标准》中的限值作为评价标准;通过实验收集数据,比较上海市不同区域道路灰尘重金属的空间分布差异,根据 5 种重金属元素污染级别的差异,推测上海市区不同区域空气质量情况。

一、样品的采集

教师指导学生样品采集的地点和方法,选择贯穿内环、中环、外环的杨高路为纵轴,分别在内环杨高路龙阳路、中环杨高路华夏西路、外环杨高路 S20 的高架桥下、外环外杨高路秀沿路旁四个采集点采集样品。用毛刷和塑料袋采集灰尘,为了保证样品具有代表性,分别在每个采集路段附近选取多个平行采集点,将每个采集点样品的灰尘混合均匀作为一个样品,每个样品大概 20—30 g。样品采集在同一段时间完成,大致在 7—8 月间,统一选择下雨之后的第 5 天进行,采集路段和采集情况如图 5-1 至图 5-6。

第五章　化学创新特需课题研究的实施 | 97

图 5-1　内环龙阳路采集点

图 5-2　内环龙阳路采集点

图 5-3　中环路采集点

图 5-4　中环路采集样品

图 5-5　外环 S20 高架下采集点

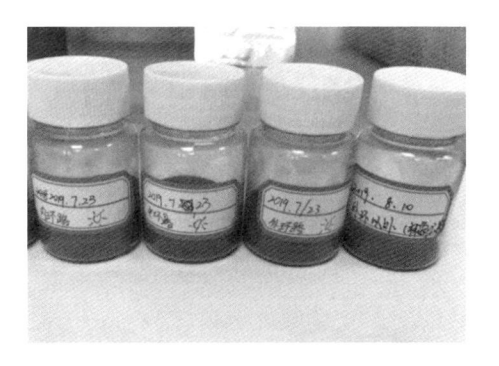

图 5-6　各采集点的样品

学生曾提出树叶上灰尘因为附着较薄难以直接采集,考虑到下雨时,树叶上的灰尘会被雨水冲刷到地面,天晴后就成为道路灰尘或是土壤表层,所以理论上树下的道路灰尘应该和树叶上的灰尘成分一致。

二、检测过程

本次检测使用的是波长色散型 X 射线荧光光谱仪(XRF-1800)。X 射线荧光光谱仪具有非破坏性、快速、精度高、定性及定量准确等优点,是原子吸收、ICP 等仪器强有力的补充。[①] X 射线荧光光谱仪的检测范围很广,广泛应用于钢铁、地质、玻璃、电子、纳米材料等物质的元素成分分析。

但是学校并没有 X 射线荧光光谱仪这样高端的仪器,所以教师向学校求助,学校联系到某大学的定量研究实验室,并在大学老师的指导下完成本次实验全部样品的检测。本次检测采用压片法,对样品的要求是均匀、粒度>200 目、样品量>5 g,样品需要干燥处理之后再进行压片成型。在检测之前,对所采集的样品使用 200 目筛筛成细粉,然后取 5 g 样品进行压片,制作压片过程如下图。

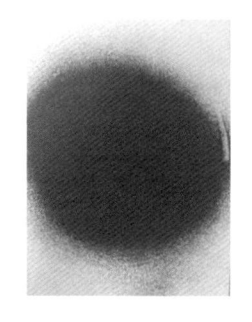

图 5-7　筛出的杂质　　图 5-8　筛出的细粉样品　　图 5-9　样品的压片

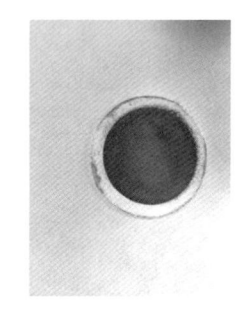

[①] 王进玺.基于 X 射线荧光光谱仪的金属元素含量测定及精确度评价[J].世界有色金属,2023(19):148-150.

图 5-10　X 射线荧光光谱仪

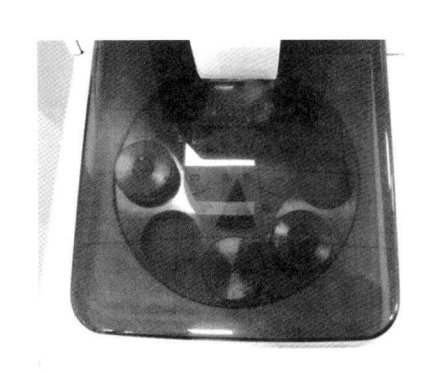

图 5-11　X 射线荧光光谱仪进样装置

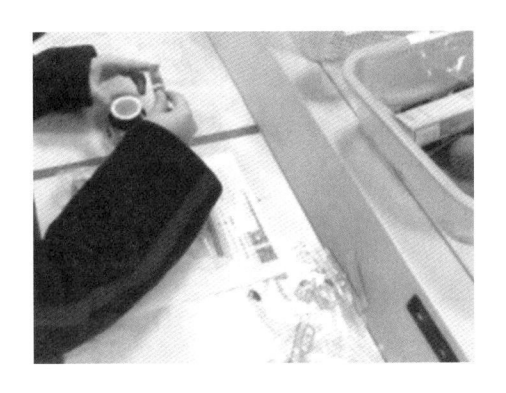

图 5-12　制作进样压片 1

图 5-13　制作进样压片 2

第五节　精析实验数据

一、实验数据收集

实验数据收集是实验研究中最关键的环节。在实验中观察实验现象,如颜色变化、沉淀生成等,通过数字化仪器获取直观数据。这些数据对于验证化学反应机理、确定物质性质、开发新的化学合成路线等都极为重要。例如,在元素含量的检测中,通过测定的数据可以评估污染的程度、药物的质量等。同时,这些数据也是化学理论创新和教育实践的基石,教师需帮助学生提升收集数据、分析数据、解释数据的能力,指导学生确保数据的全面性和多样性,并对数据进行整理和归档,为后续的数据分析做好准备。

二、实验数据处理

实验测得的数据往往不能直接拿来使用,需根据需要进行调整,比如"上海市内、中、外环道路灰尘重金属含量的测定及污染评价"研究用的是全元素定性半定量检测,每种元素含量得到的结果是质量百分含量,单位是%,测定结果原始数据如表5-2所示。《土壤中重金属污染评价标准》中元素的含量单位是 mg·kg^{-1},所以需要把检测结果数据进行处理,得到结果,如表5-3。

表5-2 上海市内、中、外环及外环外道路灰尘全元素测定结果原始数据

Sample: YP201977791-内环		Sample: YP201977791-中环		Sample: YP201977791-外环		Sample: YP201977791-外环外	
O	41.4676	O	40.5286	O	40.4331	O	41.4762
C	21.9090	C	27.0766	C	26.2744	C	24.0435
Si	20.4944	Si	16.8994	Si	16.3618	Si	16.6380
Al	4.8701	Al	4.7019	Ca	5.0059	Ca	6.5292
Ca	3.9093	Ca	4.0476	Al	4.5308	Al	4.4427
Fe	2.6713	Fe	2.4603	Fe	2.6209	Fe	2.5694
Mg	1.5282	Mg	1.4996	Mg	1.5781	Mg	1.5693
K	1.3902	K	1.2869	K	1.2163	K	1.2277
Na	0.8598	Na	0.6700	Na	0.7750	Na	0.6394
Ti	0.3948	Ti	0.3947	Ti	0.3455	Ti	0.3295
S	0.1295	S	0.1204	S	0.2396	S	0.1888
P	0.1078	P	0.0988	Zn	0.1365	P	0.0805

(续表)

Sample: YP201977791-内环		Sample: YP201977791-中环		Sample: YP201977791-外环		Sample: YP201977791-外环外	
Mn	0.0625	Mn	0.0642	Cl	0.1108	Mn	0.0678
Zn	0.0463	Zn	0.0369	P	0.0777	Cl	0.0503
Sr	0.0302	Sr	0.0294	Pb	0.0694	Zn	0.0410
Pb	0.0291	Pb	0.0250	Mn	0.0630	Sr	0.0397
Cl	0.0284	Cl	0.0195	Ba	0.0370	Cr	0.0249
Zr	0.0266	Zr	0.0192	Sr	0.0344	Zr	0.0197
Cr	0.0175	Cr	0.0100	Cr	0.0223	Rb	0.0093
Cu	0.0108	Cu	0.0063	Zr	0.0209	Cu	0.0074
Rb	0.0106	Rb	0.0048	Sn	0.0195	Ni	0.0057
Ni	0.0059	Ni		Cu	0.0126		
				Rb	0.0091		
				Ni	0.0053		
全元素	99.9999		100.0001		99.9999		100.0000

表5-3 上海市内、中、外环及外环外道路灰尘全元素测定结果处理数据

Sample: YP201977791-内环		Sample: YP201977791-中环		Sample: YP201977791-外环		Sample: YP201977791-外环外	
O	414676	O	405286	O	404331	O	414762
C	219090	C	270766	C	262744	C	240435
Si	204944	Si	168994	Si	163618	Si	166380
Al	48701	Al	47019	Ca	50059	Ca	65292
Ca	39093	Ca	40476	Al	45308	Al	44427
Fe	26713	Fe	24603	Fe	26209	Fe	25694
Mg	15282	Mg	14996	Mg	15781	Mg	15693
K	13902	K	12869	K	12163	K	12277
Na	8598	Na	6700	Na	7750	Na	6394

(续表)

Sample:YP201977791-内环		Sample:YP201977791-中环		Sample:YP201977791-外环		Sample:YP201977791-外环外	
Ti	3948	Ti	3947	Ti	3455	Ti	3295
S	1295	S	1204	S	2396	S	1888
P	1078	P	988	Zn	1365	P	805
Mn	625	Mn	642	Cl	1108	Mn	678
Zn	463	Cl	369	P	777	Cl	503
Sr	302	Sr	294	Pb	694	Zn	410
Pb	291	Zn	250	Mn	630	Sr	397
Cl	284	Cr	195	Ba	370	Cr	249
Zr	266	Zr	192	Sr	344	Zr	197
Cr	175	Rb	100	Cr	223	Rb	93
Cu	108	Cu	63	Zr	209	Cu	74
Rb	106	Ni	48	Sn	195	Ni	57
Ni	59			Cu	126		
				Rb	91		
				Ni	53		

以上数据显示,不同区域的样品中元素类别有一些差异,但差异不大。以上数据已经将质量百分含量换算成了单位 $mg \cdot kg^{-1}$ 来比较,即每千克样品中所含某种元素的质量,以 mg 计算。

三、实验数据分析

数据分析是将收集到的数据转化为有价值信息的过程。学生需要运用定性和定量分析方法,如内容分析、主题编码、统计分析等,对数据进行系统整理和深入解读。此外,数据分析还应关注数据之间的关联性和差异性,以揭示更深层次的规律和趋势。

目前我国对 As、Cd、Cr、Cu、Hg、Ni、Pb、Zn 8 种重金属元素制定了标准,如果这 8 种重金属元素的浓度高于最高允许浓度,则会造成生态环境质量恶化。这些重金属元素自己不会分解,随着时间的推移,会通过食物链对生态系统、人体健康造成长期的危害。所以本文选择有代表性的 8 种重金属污染元素进行分析,选用《土壤环境质量标准》中的限值作为评价标准,见表 5-4。

表 5-4 土壤中重金属污染评价标准[①]

项目名称	单位	一级	二级	三级
As	mg/kg	15	25	30
Cd	mg/kg	0.2	0.3	1
Cr	mg/kg	90	300	400
Cu	mg/kg	35	100	400
Hg	mg/kg	0.15	0.5	1.5
Ni	mg/kg	40	50	200
Pb	mg/kg	35	300	500
Zn	mg/kg	100	250	500

从表 5-3 中剔除其他元素,找出各路段中 8 种重金属污染元素进行比较。实验数据显示,上海各区域道路灰尘中并没有出现 As、Cd、Hg 这三种元素,而其他 5 种元素都有不同程度的存在,见表 5-5。

表 5-5 上海市内、中、外环及外环外道路粉尘中重金属污染元素含量

Sample:YP201977791-内环		Sample:YP201977791-中环		Sample:YP201977791-外环		Sample:YP201977791-外环外	
元素	含量 (mg·kg^{-1})	元素	含量 (mg·kg^{-1})	元素	含量 (mg·kg^{-1})	元素	含量 (mg·kg^{-1})
Pb	291			Pb	694		
Cr	175	Cr	195	Cr	223	Cr	249

[①] 李煜蓉.土壤环境质量评价与污染预测实例研究[D].长春:吉林大学,2010.

(续表)

元素	Sample: YP201977791-内环 含量 (mg·kg^{-1})	元素	Sample: YP201977791-中环 含量 (mg·kg^{-1})	元素	Sample: YP201977791-外环 含量 (mg·kg^{-1})	元素	Sample: YP201977791-外环外 含量 (mg·kg^{-1})
Cu	108	Cu	63	Cu	126	Cu	74
Ni	59	Ni	48	Ni	53	Ni	57
Zn	463	Zn	250	Zn	1365	Zn	410

1. 氧(O)元素分析

根据表 5-3 全元素测定结果数据,首先发现灰尘中氧元素的含量最高,这也和我们学习的地壳中氧元素含量最高一致,说明大多数元素都是以它们稳定氧化物的形式存在。其次发现地壳中含量最多的 4 种元素 O、Si、Al、Fe 的含量也排在比较靠前的位置,但数据显示碳的含量也比较高,这可能是由于样品用 200 目筛进行了处理,有一些炭粉颗粒并没有被去除,造成碳含量比较高。

2. 铬(Cr)污染分析

表 5-6 Cr 的测定数据

位置	Cr 含量/(mg·kg^{-1})
内环	175
中环	195
外环	223
外环外	249

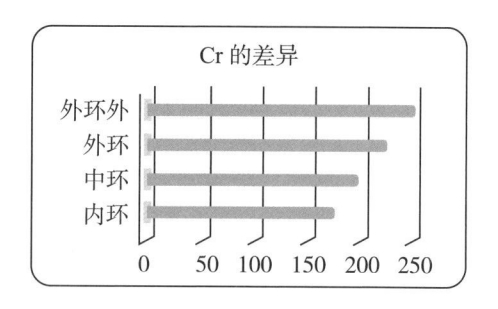

图 5-14 Cr 的差异

自然土壤中平均含铬 50—100 mg·kg^{-1},而根据《土壤中重金属污染评价标准》,铬含量超过 90 mg·kg^{-1}就达到了一级污染水平,表 5-6 数据显示,上海市内环、中环、外环、外环外道路粉尘中都存在重金属 Cr,并且都达到了一级污染程度,而且从内环到外环外,也就是由市区向郊区扩展，Cr 污染的程度加剧，到了外环外的位置快接近二级污染。

元素铬在地壳中以多种氧化态（从 +2 价至 +6 价）形式存在，三价铬及六价铬是铬在自然界水中主要的存在形式，六价铬对健康的危害最大，其化合物会引发呼吸道、肠胃道、皮肤疾病，毒理学研究表明，长期吸入六价铬可能致癌，经皮肤或消化道大量摄入甚至可能致死。六价铬在水中易溶，易通过水溶液被土壤和植物吸收。有实验表明，在水溶液中 +6 价铬的含量大于 5 $\mu g \cdot g^{-1}$，开始对水稻有毒害作用，如果达到 10 $\mu g \cdot g^{-1}$ 以上，就会对秧苗产生明显毒害甚至枯死，此外铬元素可通过土壤被农作物吸收，最终对居民健康产生危害。查阅文献得知，铬污染主要源于电镀、冶金等工业生产中三废的排放，所以推测上海道路灰尘中的 Cr 污染可能来自工业污染。

3. 铅(Pb)污染分析

铅是一种有毒重金属，对人体危害极大，可能危害神经、造血、消化、肾脏、心血管和内分泌等多个系统。正常人血铅含量在 0.04 ppm 以内，血铅含量过高不但会造成儿童体格生长落后，还会引起儿童智能发展障碍。[①] 随着工业的飞速发展，铅污染也越来越严重，对人体的健康危害也越来越大。铅主要是通过食物、饮用水、空气等方式被人体吸收。Pb 过量还会直接毒害植物根系，对根细胞的分裂产生干扰，对根系生长发育有抑制作用，从而影响根系对营养物质的吸收。

表 5-7　Pb 的测定数据

位置	Pb 含量/(mg·kg^{-1})
内环	291
中环	0
外环	694
外环外	0

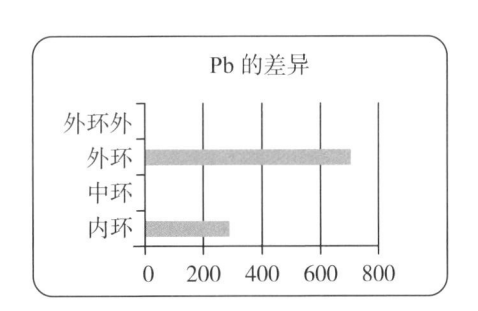

图 5-15　Pb 的差异

---

① 葛冰洋，庄棪，朱南，王川，张骏驰.净水器铅加标测试研究[J].现代食品，2022,28(6)：159—161,165.

根据表 5-7,上海市内环、外环道路粉尘中都存在重金属 Pb,根据表 5-4《土壤中重金属污染评价标准》,内环道路的 Pb 污染 291 mg·kg^{-1} 已经大大超过了一级污染标准 35 mg·kg^{-1},几乎快接近二级污染标准 300 mg·kg^{-1}。而外环道路 Pb 污染的程度非常厉害,达到了 694 mg·kg^{-1},已经大大超过了三级污染标准 500 mg·kg^{-1}。

环境中的铅污染一是来源于火山爆发、森林火灾等自然现象,二是来源于工业和交通等人类活动。大气铅污染的重要来源,一是燃煤产生的工业废气,二是汽车燃烧含铅汽油和柴油而产生的尾气排放,三是室内香烟的燃烧。根据上海市工业分布的特点,在内环位置不会有大型工业的尾气排放,可能性最大的是汽车尾气的排放。由于内环每天早晚都会发生严重的堵车现象,汽车会排放大量尾气,所以空气粉尘中铅含量比较高。中环相对来说比较空旷且空气流通,空气中含铅的颗粒物要比内环少得多,所以采集的样品中铅含量内环是一级污染,中环没有测到铅元素。外环道路粉尘中的铅污染最高,但是外环外道路的粉尘中又没有发现铅元素,说明铅污染的主要来源并非工业废气的排放,而是外环道路上每天的巨大车流量,大量汽车尾气的排放使含铅颗粒物沉降到粉尘中。而外环外的区域是因为空旷和空气流动,所以也没有测到铅元素。由此看来,就上海市不同区域的空气质量而言,最理想的居住点应该是中环附近和外环以外的区域,在这样的区域空气中铅污染几乎没有。

4. 铜(Cu)污染分析

Cu 是多种酶的组成成分,参与碳素同化、氮素代谢、呼吸作用以及氧化还原过程。[①] Cu 有助于农作物的生长和增产,但土壤中的 Cu 含量过量则会使作物中毒和生长发育受阻,严重的可能导致作物死亡。过量的 Cu 会对人体产生危害,导致血红蛋白变性,严重影响机体的正常代谢。

---

① 曾昭华.四川省土壤元素含量和生态农业地质研究[J].四川地质学报,2005(1):44—50.

表 5-8　Cu 的测定数据

位置	Cu 含量/(mg·kg^{-1})
内环	108
中环	63
外环	126
外环外	74

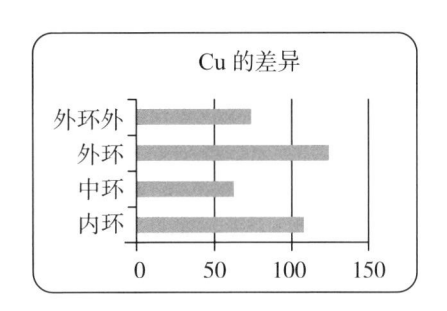

图 5-16　Cu 的差异

数据显示,中环和外环外的铜污染都属于一级污染,内环和外环的铜污染都属于二级污染。而铜污染的主要来源是铜锌矿的开采冶炼、金属加工、钢铁生产过程中排放的烟尘。经过查询,在外环九亭附近有一些金属制品有限公司主要生产各种铜合金,这可能是外环外铜污染高的原因,但是内环位置为什么铜污染也比较严重,还没找到原因。

5. 锌(Zn)污染分析

Zn 是构成多种蛋白质分子所必需的微量元素,可参与 18 种酶的合成,可促使细胞的分裂、生长和繁殖,是人类生长、发育、生殖必不可少的元素,锌还与大脑发育和智力有关,适量的 Zn 对人体的保健医疗和抗衰老非常有益。[1] 但是摄入过量的锌也有不利的影响,据报道,饮用水中锌的浓度达 10—20 mg·L^{-1} 时,就有致癌作用。[2] 如果摄入含锌过量的食物或是接触、吸入过量的锌盐,都会引起锌中毒。

---

[1] 李煜蓉.土壤环境质量评价与污染预测实例研究[D].长春:吉林大学,2010.
[2] 张菊.上海城市街道灰尘重金属污染研究[D].上海:华东师范大学,2005.

表 5-9　Zn 的测定数据

位置	Zn 含量/(mg·kg^{-1})
内环	463
中环	250
外环	1365
外环外	410

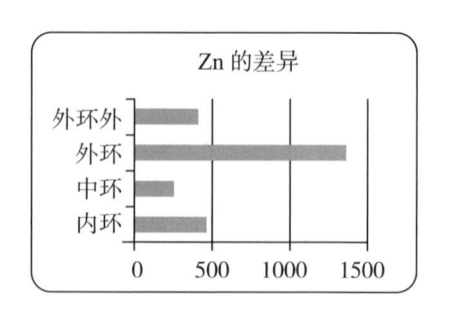

图 5-17　Zn 的差异

以上数据显示,中环的锌污染达到了二级污染水平,内环和外环外的锌污染接近三级污染水平,而外环的锌污染大大超过了三级污染水平的 2 倍。国内外研究表明,汽车交通污染、工业污染和城市建设污染是城市道路灰尘重金属主要来源,其中汽车交通污染除了常说的汽车尾气排放之外,还包括轮胎老化磨损、车体磨损、路面的老化磨损等。所以推测上海不同区域道路灰尘中的锌污染最有可能来源于汽车橡胶轮胎的磨损产生的颗粒物。

6. 镍(Ni)污染分析

表 5-10　Ni 的测定数据

位置	Ni 含量/(mg·kg^{-1})
内环	59
中环	48
外环	53
外环外	57

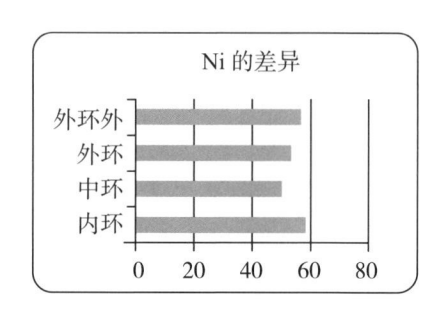

图 5-18　Ni 的差异

镍不是植物生长发育的必需元素,镍元素会抑制植物生长,使植物发生变异。镍是人体中的微量元素,主要通过食物经消化道进入体内。镍对人体的影响主要来自空气中的镍,金属镍一般不会引起急性中毒,镍盐也是低毒的,而羟基镍的毒性很强。

根据表 5-10 和《土壤重金属污染标准》,上海中环道路的镍污染达到了一级污染,而内环、外环、外环外道路的镍污染都达到了二级污染水平。资料显示,道路灰尘中的镍污染很可能来自工业污染。

第六节　提炼研究成果

一、研究报告的撰写

研究报告是研究成果的最终呈现,它需要详细记录研究过程、分析结果和得出的推论。报告中应包括研究背景、研究过程、研究结论等关键部分。在撰写过程中,研究者需要清晰地阐述研究的逻辑框架,准确地呈现实验数据、研究发现,并基于分析结果提出针对性的建议。报告的撰写不仅是对研究过程的总结,也是对研究成果传播和应用的重要途径。

根据上海市内环、中环、外环、外环外道路灰尘成分的检测结果发现,每个区域的路段都存在着不同程度的几种典型的重金属污染,其中比较轻的达到了一级污染,比较严重的远远超过了三级污染标准。其中外环的 Pb、Zn、Cu 的污染级别都比较高,仅次于外环污染程度的是内环,相对来说中环的污染最轻微。从数据中可以发现,上海市内环、中环、外环、外环外道路灰尘中都没有发现 8 种污染重金属中的 Cd 和 As。由以上研究可以初步推测,上海各区域中中环附近的空气质量最佳,生态环境最适合居住和生活。查阅资料发现,外环与内环道路附近主要的污染源是汽车尾气的排放、汽车轮胎的磨损以及金属制品工业废气的排放。只有找出造成污染的原因,控制好源头,才能制定合理的治理空气与环境的措施,营造干净、健康的生活环境。

二、研究成果的答辩

研究成果交流为研究项目提供了一个接受专业评审的平台，答辩委员会由该学科教师组成，他们能够从专业的角度对研究项目的设计、实施过程、数据分析以及结论的合理性等方面进行全面、深入的评审，还可能会指出实验中潜在的系统误差和数据处理方法的局限性。通过质疑和挑战，学生重新审视研究结果。面对教师的质疑，学生需要对自己的实验项目进行深入思考和解释，这有助于发现项目中可能存在的问题和不足之处。更重要的是，教师在答辩过程中会给出建设性的意见和改进建议，这些建议有助于学生在后续研究中进行针对性的改进。对于旁听的学生来说，答辩是一个学习和启发的过程。他们可以通过观摩答辩，了解研究的最新动态，学习如何进行有效的研究展示。学科教师可以对研究的科学性和创新性进行最终的评估，从而选出高质量的研究成果，推广给其他学生。

"上海市内、中、外环道路灰尘重金属含量的测定及污染评价"在答辩过程中的准备如图 5-19 所示。

三、未来研究方向引导

课题研究的最后阶段，教师需要为学生指明未来研究的方向，在追寻未来研究方向的过程中，学生需不断突破既有知识的框架，以全新的视角审视问题，这本身就是对创新思维的有力锤炼。同时，未来研究方向的不确定性也为创新思维提供了广阔的施展空间，学生需在不断试错与调整中探寻最优路径，每一次的尝试与修正都是创新思维深度与广度的拓展，使学生在未来应对复杂多变的科研挑战时更具敏锐度与创造力。

本案例借助现代化检测仪器的研究，通过先进的仪器设备，激发学生的学习兴趣和创造力。本次实验研究的是上海市内、中、外环道路灰

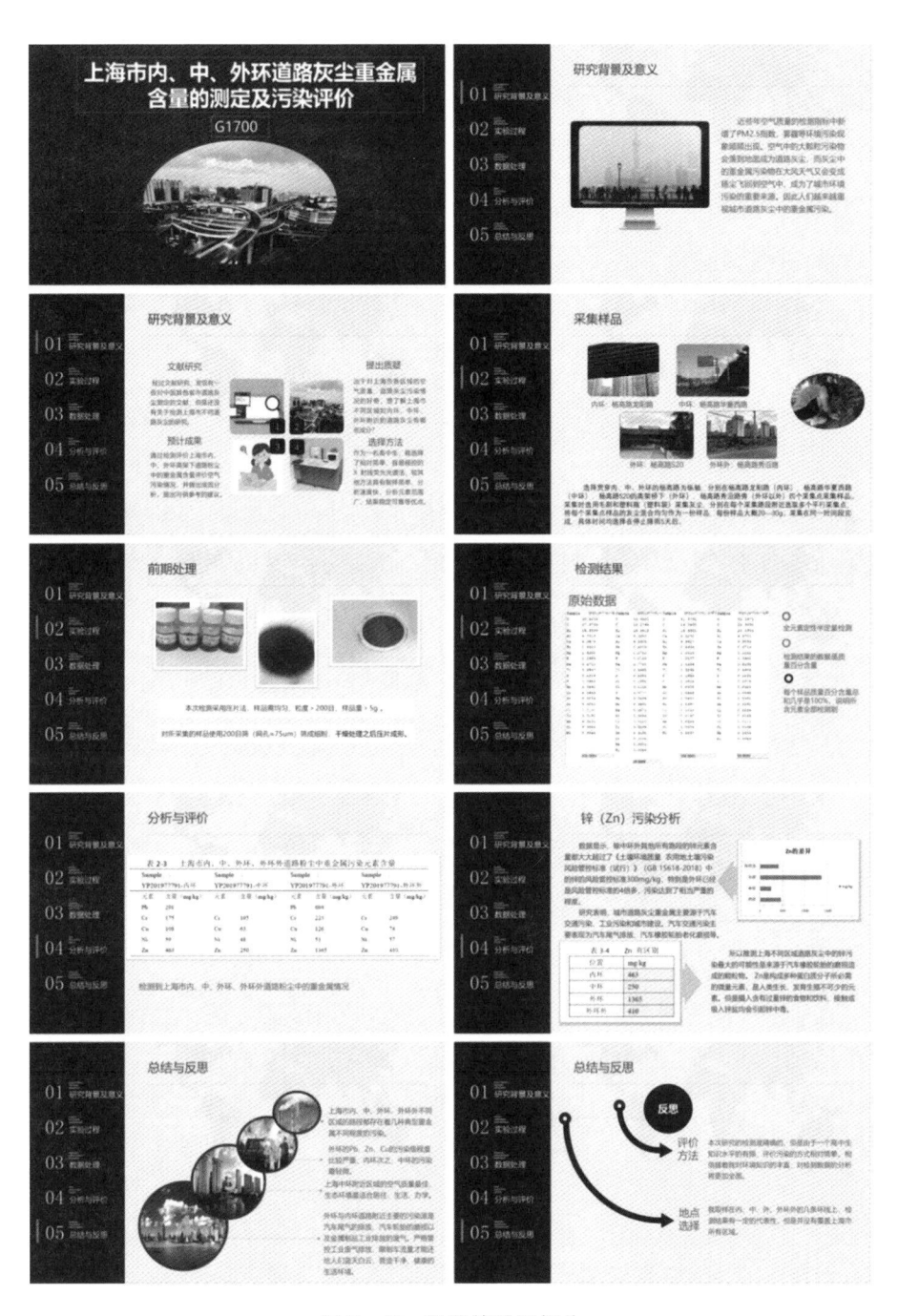

图 5-19 课题答辩幻灯片

尘的重金属污染，教师引导学生今后可以把这样的研究方法拓展到其他城市、其他区域的灰尘研究，甚至可以比较不同道路、不同城市、不同国家灰尘的成分。随着现代化检测仪器在化学研究中应用日益广泛，除了环境领域，还可以在药物含量检测、生活用品元素检测、食品中物质和添加剂含量检测方面做一些研究。

第七节　课程实施成果

按照这样的模式，在近 10 年的化学创新特需课题的指导中，我们积累了丰富的实践案例和指导经验，我们成功指导的实践案例如下：

表 5-11　近 10 年化学创新特需课题实践案例

时间	项目名称
2014 年	对比薄层色谱法与高效液相色谱法在含量测定中的优越性并测定木耳中胡萝卜素含量
	研究四氯合铜酸钠$\{Na_2[CuCl_4]\}$的部分性质
	纳米二氧化钛薄膜在清洁功能中的拓展应用
	探究花瓣汁如何作为酸碱指示剂
	垃圾分类与降解
	探究水果电池电压与外部因素的关系和在生活中的应用
	土壤保水与透水能力研究
	制备碳量子点与其荧光机理研究
	浦东新区 $PM_{2.5}$ 浓度季节性分布情况与规律
	化妆品中化学成分及其副作用
	由辣椒素对 HL60 细胞的作用及影响推断其在细胞生物学中的应用

(续表)

时间	项目名称
	各类食物在不同环境条件下亚硝酸盐生成速率的研究
	各种食物对于牙齿损害程度
	不同植物油制成的肥皂的除污能力及肥皂成分的比例对除污能力的影响
	红细胞为模板的纳米载药微球制备及其在近红外光诱导下治疗肿瘤的研究
	氯化钠盐浓度对人体唾液淀粉酶活力影响
	不同 pH 下豆腐中钙和菠菜中草酸的拮抗作用
	家中小型盆栽吸收二氧化硫(或苯或硫化氢)的能力及指示作用
2015 年	氯代溶剂污染地下水的光催化氧化实验
	茶叶中咖啡因提取及含量测定
	蜘蛛丝的性能与成分研究以及人造蛛丝的拓展与改良
	水体 pH 对制水的影响
2016 年	氮肥中氮元素在黄土中防流失的研究
	轻损纸质资料复原的方法研究
	水质对植物(水仙花)生长的影响
	大茴香浸出物与苯甲酸钠溶液防霉功效的定量对比
	探究不同种固体超强酸对各类有机反应的催化作用及金属氧化物种类对固体酸性质的影响
	米糠制取酒精的研究
	不同环境下臭氧的浓度测定及研究
	"无糖"食品的调查研究

(续表)

时间	项目名称
2017年	探究漂洗各类衣物的最经济方法
	关于隔夜食品中亚硝酸盐含量的控制方法研究
	银离子杀菌效果以及便携式银离子杀菌装置可行性研究
	具有杀菌和自清洁功能的水体净化膜研制
	探讨酸性重铬酸钾酒精检测器的制作并与数字化半导体酒精检测器的比较
2018年	燃料电池催化剂
	各地水质调查及含氮磷废水处理的可行性方案设计
	Fenton氧化法降解染料废水
	玫瑰红色素提取及性质研究
	硅藻泥对于空气净化的可行性研究
2019年	基于荧光探针的致病过氧亚硝酸根的检测研究
	如何在不损伤真丝制品原有优势的情况下解决其在通常环境下易皱的问题
	上海内、中、外环道路粉尘重金属含量的测定及污染评价
	消除湿垃圾异味的可行性方案及异味消除器的制作
	废弃香烟过滤嘴负载"芬顿催化剂"处理废水的研究
	绿色高效合成二甲双胍的方法探究
	可重复利用式"原电池化学热层"的制作与改进
	鸟粪石沉淀法去除水体中氮、磷的研究
	鲁米诺试剂的制取和改良(化学方法)及其在法医学(刑侦)和生物医药学中的用途

(续表)

时间	项目名称
	基于纳米光催化材料的室内生物气溶胶高效治理装置设计及原型开发
	基于高压静电的家用水果保鲜装置的研究
	负离子建材对优化室内环境的研究
	受重金属(Cd)污染的土壤对农产品安全的影响
	咖啡渣活性炭混合无烟艾条燃烧特性的研究
2020 年	分析化学法在环境监测中的现状及发展趋势研究
	上海厨房烟气污染物排放统计及净化方法研究
	如何通过绿色技术使建筑物实现零排放并兼顾建筑美学
	一种控制食用油健康摄入的机器人装置
	一种新型碳纤维复合材料跑步鞋底的研究
	空气中 CO_2 的固定化
	迷迭香提取物的性质及其在清洁化妆品中的应用研究
	仿生结构色在材料创新设计中的应用研究
	基于 C++ 的气相化学反应过程数字孪生
	探究不同条件下溶液中六水合硫酸镍的结晶情况
	苦丁茶树(枸骨)树根提取物三萜皂苷治疗牙周炎的动物实验研究
	探究冠突散囊菌发酵产物的抑菌作用及其对口腔微生态的影响
2021 年	探究煎炸后的食用油的酸价和过氧化值
	传统材料与新型材料在保暖领域的应用探究
	人工光合作用——Cu_2O/TiO_2 的制备及其 CO_2 光还原性
	碳中和背景下上海市区交通策略研究——以大浦东世博地块为例
	一种绿色、低成本的柔性超级电容器的制备及其性能测试

(续表)

时间	项目名称
	整车碳足迹管理研究
	不同金属与盐溶液发生置换反应时热量变化差异的探究
	以海藻酸钠构成的绿色环保保鲜膜代替传统保鲜膜
	以 ISO14064 标准进行碳盘查计算校园碳排放总量——以上实东滩学校为例
	窗帘不同的材质及布置方法对外部环境噪音的缓解
	一种去除水体微塑料的可再生改性纤维素
	多孔复合材料涂层及其保温隔热性能的研究
	宠物专用酸奶的研制
	绿色能源家庭智能植物养护系统开发
	城市河道生态对城市生活的意义——以浦东白莲泾河为例
2023 年	高透自然光低透人造光的窗帘材料研究
	基于水凝胶的太阳能吸附式空气取水系统
	利用静电纺丝制备细胞培养基添加物
	CO_2 矿化结合城市废料回收实验研究与分析
	探究美拉德反应对肉制品风味的影响
	评估再生塑料在包装行业的碳中和优势效益
	中草药涂膜液的制备以及对草莓保鲜作用的研究
	半导体生产废水中双氧水的有效去除方法探究
	探究市售油漆中挥发有机物的危害及其改进
	用缓释氧材料和硝化菌解决养殖水体水质问题

（续表）

时间	项目名称
2024 年	智能温敏应答伤口贴片的开发
	校园碳排放评估模型开发及碳中和指数设计
	不同光催化剂对减少空气中污染物效果对比
	利用化学混凝协同去除藻类和微塑料的研究
	基于纳滤复合膜去除海水中混合盐溶液的研究
	一种新型鸡蛋消毒剂的开发与应用研究
	用缓释氧材料和硝化菌解决养殖水体水质问题

实践1：影响晶体成核的因素研究

1 课题的选择与确定

在化学学习与实践中，晶体的形成是一个常见且有趣的现象。学生们在日常学习和实验过程中，对晶体的各种形态和形成条件产生了浓厚的兴趣，思考着究竟是哪些因素在影响着晶体的成核过程。通过对相关知识的初步了解，学生们意识到晶体成核因素的探究不仅能让自己深入理解化学原理，还在材料科学、制药等众多领域有着重要意义。于是，在教师的引导下，学生们确定了"影响晶体成核的因素研究"这一课题，旨在通过实验研究，揭示影响晶体成核的各种因素及其作用规律，培养自身的科学探究能力和对化学学科的深入理解。

2 问题引导

2.1 提出启发性问题

教师在实验前提出一系列问题，如"溶液的温度如何影响晶体成核的速度？""不同溶质的晶体成核过程有何差异？""外界环境因素（如振荡、磁场等）对晶体成核会产生怎样的影响？"等。这些问题激发了学生的思考，促使学生在实验设计和实施过程中，主动探索影响晶体成核的各种可能因素，培养了学生分析问题和解决问题的能力。

2.2 鼓励学生提问

教师积极营造宽松的实验氛围，鼓励学生提出自己的疑问。例如，在实验过程中，学生观察到某些晶体生长异常，便提出"为什么这个晶体的形状与预期不同？""某种溶液中晶体生长缓慢，是否是因为杂质的影响？"等问题。教师引导学生通过查阅资料、进一步实验等方式寻找答案，培养了学生的质疑精神和创新思维。

3 背景知识传授与研究意义的阐述

教师向学生传授结晶的基本原理，包括晶核的生成（初级成核和二次成核)和晶体的生长机理(如二维晶核生长、位错生长机理等)。通过讲解这些背景知识,学生更好地理解了晶体成核过程的复杂性,为后续实验设计和结果分析提供了理论支持。同时,教师阐述了本研究的意义,指出晶体成核因素的探究在化学工业、材料制备等领域的重要应用,激发了学生的研究兴趣,使学生明白研究成果不仅有助于学术理解,还能对实际生产生活产生积极影响,从而培养学生从实际需求出发思考科学问题的能力。

4 实验指导

4.1 优化实验设计

教师引导学生对传统实验方案进行改进。例如,在研究溶液浓度对晶体成核的影响时,教师启发学生思考如何更精确地控制浓度梯度,学生提出采用更精密的量具和更细致的溶液配制方法。在对比不同晶体的成核实验中,教师鼓励学生设计更全面的对比方案,包括晶体种类、生长环境等多方面因素,通过优化实验设计,培养学生的创新思维和实践能力。

4.2 开放性实验

教师与学生经过讨论确定"探究不同条件对晶体成核和生长的影响"这一主题,让学生自行设计实验步骤。学生们自主选择研究的因素,如不同的溶液浓度、不同的外界条件、是否加晶核等,然后设计实验来探究这些因素如何影响晶体成核和生长。在这个过程中,学生充分发挥主观能动性,设计出多样化的实验方案,如探究其他晶体生长条件的影响,有效培养了学生的创新思维和实验设计能力。

4.3 实验准备

教师指导学生购买和准备实验必要的材料,学校基础实验室提供实验装置和资源,确保实验顺利进行。具体如下:

实验仪器:

恒温磁力搅拌器、温度计、铁架台、石棉网、烧杯、玻璃棒、漏斗、移液管、洗耳球、培养皿、量筒、pH试纸、药匙、酒精灯、镊子。

实验试剂：

硫酸铜、醋酸铜、硫酸铝钾。

4.4 实验步骤

4.4.1 硫酸铜晶体成核因素的研究

- **探究随机变量对晶体析出的影响**

实验设计：

在室温 $T_R = 20\ ℃$ 时，设计 6 组平行实验。分别配制 6 份相同的 40 ℃饱和硫酸铜溶液 50 mL，配制完毕并静置，观察每份溶液中析出晶体的情况。

实验现象：

表 1 硫酸铜晶体析出实验观察记录

结果编号	晶体大小	结晶裂纹	表面平整度	高度	单独或集聚结晶
1	小	无	平整	低于液面	单独
2	中	有	不平整	低于液面	集聚
3	大	有	不平整	高于液面	集聚
4	中	有	平整	低于液面	单独
5	中	有	不平整	低于液面	集聚
6	中	有	不平整	低于液面	集聚

图 1 硫酸铜晶体结晶情况

实验分析：

出现以上现象比较可能的原因如下，若晶体生长出溶液表面，电中性的溶液表面电荷平衡被打破，溶液中正负离子向晶体表面靠拢，新的晶体不断在原有晶体表面生长。由于结晶速度过快，且大量正负离子向晶体表面运动，就会造成晶格的不对称性以及不规则性，导致晶体不平整，有裂纹；而在溶液里面的晶体生长较为缓慢，晶体平整。

当溶液附着力大于内聚力时，晶体不会在溶液内部析出，而是贴壁析出，晶体颗粒小、孔隙多，形成毛细管，这类晶体均是集聚状态，晶体表面有裂纹且不平整。

综上，溶液表面张力、溶液中正负离子之间电荷库仑力、溶液蒸发速率，以及溶液中溶质处于非溶解动态平衡状态下的结晶，都会影响晶体形态。

实验结论：

结论一：当溶液中有晶体析出于饱和液体表面时，则其四周将迅速析出溶质。

- **探究控制变量对晶体析出的影响**

1) 溶液的初浓度 c_0 的大小对晶体析出的影响

实验设计：

配制 4 份 80 mL 的硫酸铜溶液，其溶液初浓度 c_0 分别为 0.7 mol·L^{-1}、1.0 mol·L^{-1}、1.3 mol·L^{-1}、1.5 mol·L^{-1}，分别降温到 20℃。（T_R = 20 ℃时，饱和溶液浓度 c_b = 1.294 mol·L^{-1}）

表 2　实验溶液状态量

编号	T_R	V(mL)	c_0(mol·L^{-1})	pH
1	20 ℃	80	0.7	
2	20 ℃	80	1.0	根据硫酸铜自身的水解情况不变
3	20 ℃	80	1.3	
4	20 ℃	80	1.5	

实验现象：

表3　不同初始浓度的溶液晶体析出结果记录

编号	c_0(mol·L^{-1})	晶体数目	晶体质量(g)
1	0.7	无	0
2	1.0	无	0
3	1.3	有	1.4
4	1.5	有	2.1

实验结论：

结论二：T_R、V、静置时间、容器相同时，当溶液的初浓度c_0越大，析出的晶体质量越多；且析出晶体质量越多，越容易生长在一起。

2) 改变环境因素对晶体析出的影响

实验设计：

在$T_R=20\ ℃$时，配制硫酸铜溶液至浓度为c_b，平均分成两份，并稍振动溶液，放入温度为50 ℃的水浴盆中，进行相同程度的搅拌，使溶液中微粒的平均动能近乎达到相似。小心取出置有溶液的烧杯，静置于$T_R=20\ ℃$的室内一个小时，然后选择一份用玻璃棒搅拌，另一份不搅拌，第4天再观察。

实验现象：

表4　不同状态的溶液实验结果

编号	是否振荡(搅拌)	相同时间内析出晶体情况
1	无	无
2	是	饼状

实验分析：

认为对于饱和溶液，外界的振荡会使溶液析出晶核，对于析出晶核的原因，在无数层(竖直分层，每层的高度相同且高度极其微小)浓度相同的溶液层组成的溶液中,振荡使部分溶液层相交,部分区域浓度增大,且振荡中产生一定的能量,析出部分晶核,晶核因重力下降时,扰动下层的溶液,从而继续析出晶体,导致在底部形成饼状的晶体(图2)。

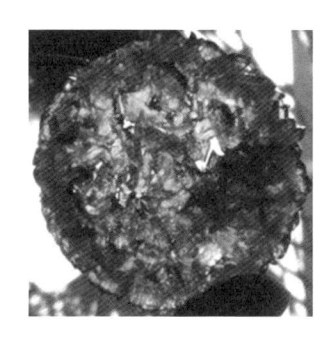

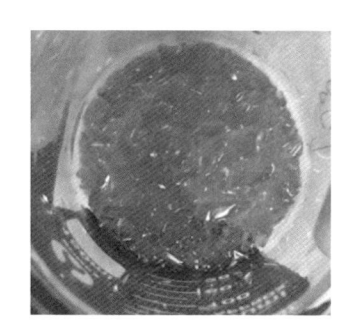

图2 结晶出现饼状晶体

实验结论：

结论三:对于饱和溶液析出晶体时,在溶液发生振荡时,会在溶液底部析出大量的晶体,不成核。

• 有无晶核对晶体析出的影响

实验设计：

$T_R=20\ ℃$时,取母液200 mL饱和溶液,平均分成2份,分别进行50 ℃的水浴,并且以相同的速率搅拌(目的是使溶液内部微粒达成一定的平衡,避免机械振动的晶体析出)。一份加入一颗晶核(见图3),另一份不动,静置一周后观察。

图3 加入晶核的饱和硫酸铜溶液

实验现象：

表 5　实验溶液状态量及实验结果

编号	是否加入晶核	结晶个数	集聚和单独生长比
1	是	5	1∶4
2	否	很多	几乎全部集聚

图 4　无晶核培养

图 5　有晶核培养

无晶核培养的溶液析出的晶体总体比有晶核培养的成果差（图 4），多次实验发现，用晶核培养得到的晶体会比较完整（图 5），并且结晶速率快，至少有 1 颗较大的晶体在溶液内部，以其所在位置，应该是原本放入的晶核。图 6 为一颗完整的硫酸铜晶体（图 6）。

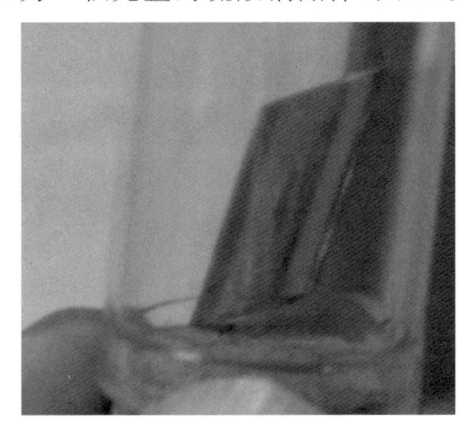

图 6　完整的硫酸铜晶体

实验结论：

结论四：在室温下，母液自然蒸发，无晶核，生长周期长，且不稳定。

结论五：晶核培养可以控制时间，使培养周期缩短，并且成功提高培养晶体的可能性。

4.4.2 其他晶体的培养

- **醋酸铜晶体和明矾晶体的培养**

用同样的方法培养了醋酸铜和明矾晶体，通过多次实验得出结论，对于易水解的盐需要把溶液的 pH 调至 2 左右，防止盐发生水解；同时，对非四棱柱的晶体结晶还需要进行悬挂法结晶。醋酸铜晶体成形情况（如图 7），明矾晶体悬挂培养（如图 8）。

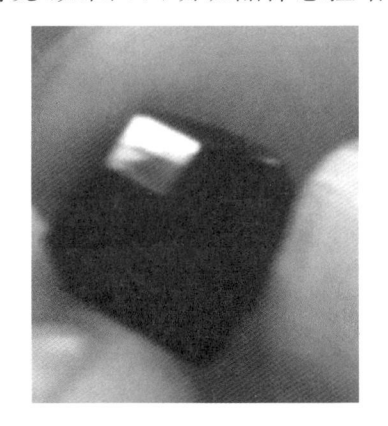

图 7　醋酸铜晶体成形情况　　　　图 8　明矾晶体悬挂培养

- **混晶的培养**

明矾是由两种正离子和一种负离子和结晶水组成的化合物，再加一种金属正离子可能会有不同的效果，设计明矾和硫酸铜的混晶实验。按照不同的比例混合明矾和硫酸铜制成饱和溶液，结果析出了蓝色的晶体（如图 9）和一种奇特的晶体（如图 10），但形状并不是平行六面体。

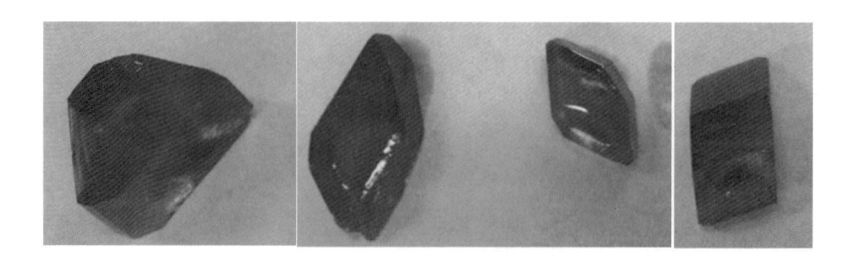

图9 形状不规则的蓝色晶体

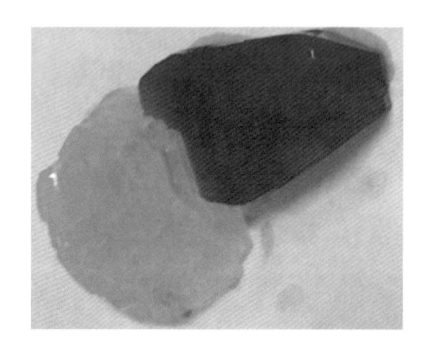

图10 形状奇特的混晶晶体

4.4.3 跨学科实验

教师引导学生结合物理、数学等学科知识设计实验。例如,在研究磁场对晶体成核的影响时,学生运用物理中的电磁学知识理解磁场与带电离子的相互作用,同时利用数学知识分析实验数据,建立晶体生长模型。通过跨学科实验,学生拓宽了知识视野,学会从不同学科角度思考和解决问题,培养了综合运用知识的创新思维能力。

图11 磁场中的结晶实验　　图12 介质表面结晶实验

4.5 团队协作与实验观察

教师组织学生进行团队协作实验,小组成员分工,如负责查阅资料、设计实验方案、进行实验操作、记录数据等工作。在实验过程中,教师强调实验观察的重要性,引导学生仔细观察晶体生长过程中的各种现象,如晶体形状、颜色变化、生长速度等。例如,在观察晶体生长过程中,学生发现晶体表面出现微小的瑕疵,通过团队讨论和进一步观察,推测可能是溶液中杂质或局部温度变化引起的,培养了学生的团队协作精神和敏锐的观察能力。

4.6 实验结果分析与想象

教师鼓励学生在实验结果分析环节大胆想象和推测。例如,在观察到某种晶体在特定条件下成核速度较快时,教师引导学生想象如果改变其他相关条件,如溶液温度、pH等,成核速度可能会发生怎样的变化,然后鼓励学生通过后续实验进行验证。这种方式培养了学生的想象能力和基于实验事实的创新思维。

5 数据分析与讨论引导

教师引导学生对实验数据进行分析和讨论。例如,在分析不同浓度溶液中晶体成核数量的数据时,教师帮助学生运用统计学方法计算平均值、标准差等,绘制图表(如柱状图、折线图等),直观展示数据变化趋势。通过数据分析,学生发现溶液浓度与晶体成核数量之间的关系,如在一定范围内,溶液浓度越高,晶体成核数量越多,但过高浓度可能导致晶体生长不规则。教师进一步引导学生讨论这种现象背后的化学原理,使学生不仅能从数据中得出结论,还能深入理解化学过程的本质,培养学生的数据处理能力和科学思维能力。

6 研究结论总结

教师引导学生总结研究结论,强调学生在整个研究过程中应保持质疑精神。例如,在得出溶液浓度对晶体成核速度有影响的结论后,教师鼓励学生思考是否存在其他未考虑到的因素,以及如何进一步优化实验方法来验证结论的准确性。通过这种方式,学生对晶体成核影响因素的认识更加深入,同时培养了批判性思维和创新思维能力,为未来的科学研究奠定了基础。

7 报告撰写,成果交流

教师指导学生依据实验结果撰写研究报告,报告内容包括研究背景、研究意义、实验方法、实验结果、研究结论等。在撰写过程中,教师强调语言表达的准确性和逻辑性,培养学生科学写作的能力。同时,教师组织学生在班级内进行成果交流,学生们分享自己的研究成果和心得体会。通过交流,学生们从不同角度了解了影响晶体成核的因素,拓宽了思维视野,实现了资源共享,进一步提高了研究质量和创新思维能力。

8 未来研究方向引导

教师引导学生思考未来研究方向,例如进一步探究不同晶体结构与成核因素之间的关系,研究多因素协同作用对晶体成核的影响,以及探索新的实验方法和技术在晶体成核研究中的应用等。通过对未来研究方向的思考,激发学生对科学研究的持续兴趣,鼓励学生在未来继续深入探索晶体成核领域,为该领域的发展做出更大贡献。

实践2:茶叶中咖啡因的提取及含量测定

1 课题的选择与确定

饮茶文化源远流长,茶叶作为世界三大饮料之一,深受人们喜爱。茶叶中含有的咖啡因是一种中枢神经兴奋剂,具有提神醒脑的功效,对人体健康有一定影响。然而,商家的茶叶包装上通常不会标明咖啡因的含量,消费者在选择茶叶时往往无法了解其咖啡因含量的具体数值。因此,进行茶叶中咖啡因的提取及含量测定,不仅有助于消费者更好地了解茶叶成分,合理选择茶叶,还能为茶叶的品质评价和加工工艺改进提供参考依据。通过这一课题的研究,旨在培养学生的科学探究能力,提高他们对茶叶化学成分的认识,激发学生对化学实验的兴趣和创新思维。

课题确定为"茶叶中咖啡因的提取及含量测定"。

2 问题引导

2.1 提出启发性问题

学生提出了"茶叶中的咖啡因"这一令人感兴趣的话题。教师提出一系列启发性问题,引导学生深入思考。例如:不同种类的茶叶中咖啡因含量有何差异?影响咖啡因提取效率的因素有哪些?如何提高咖啡因提取的纯度?通过以上问题激发学生的思考,进一步培养学生分析与解决问题的能力。

2.2 鼓励学生提问

鼓励学生提出自己的疑问和想法,教师尽量给予积极的回应。学生在实验中发现某些茶叶的咖啡因含量异常,教师引导学生思考可能的原因,鼓励学生通过查阅资料、进一步实验等方式探究真相,培养学生的质疑精神和创新思维。教师指导学生查阅文献,结合初步实验,摸索合适的实验条件。

3 背景知识传授与研究意义的阐述

咖啡因的提取和分析需要学生具备一定的化学知识,如有机化学中的萃取、升华等操作原理,以及化学反应的基本知识。通过学习这些知识,学生能够更好地理解实验过程,从而选择最适宜的实验方法。学生在探究中了解了咖啡因的生理作用和茶叶中其他化学成分的相关知识,有助于从不同角度思考问题,培养创新思维能力。

学生提出的实验构想如下:首先,明确该课题研究背景以及研究目的;其次,通过查找资料选择适宜在学校实验室开展的实验方法,并了解相关学者的专业研究;再次,明确实验思路,将实验分为含量测定与方法比对两个阶段进行,并以前者为主要研究对象,阐述大致实验步骤;最后,分析得到的实验数据,记录数据,完成多种茶叶中咖啡因含量的初步测定。

学生学习三种提取方法:

第一种:Soxhlet 提取法

主要原理是利用脂肪提取器,通过连续萃取的方式,将茶叶中的咖啡因溶解在有机溶剂中,然后通过蒸馏浓缩、加碱中和、焙炒除水和升华等步骤,得到咖啡因晶体。

第二种:恒压漏斗滴液提取法

原理是在恒压漏斗中加入茶叶末和有机溶剂,通过调节恒压漏斗下方的活塞,使溶剂的滴入速度与回流冷凝液的滴入速度达到一致,从而实现对茶叶中咖啡因的提取,再经过浓缩、蒸干和升华等步骤得到咖啡因。

第三种:水-升华提取法

原理是将茶叶末放入水中煮沸,使茶叶中的咖啡因溶解在水中,然后通过过滤、浓缩和升华等步骤,得到咖啡因晶体。

提取方法对比:

表 1 三种提取方法对比

实验方法	优势	劣势
Soxhlet 提取法	产率较高,得到的产品纯度较高	仪器较贵,操作较为复杂,实验时间较长
恒压漏斗滴液法	所需仪器常见,回流时间短,纯度较高	调整滴液速度的操作需要较高的精确度
水-升华提取法	操作简便易行,成本低	产率和纯度均不高

4 实验指导

4.1 优化实验设计

教师引导学生对传统的实验方案进行改进和优化。例如,在提取咖啡因的过程中,可以让学生思考如何提高提取效率和纯度,鼓励学生尝试使用不同的溶剂或改进实验步骤,通过对比不同方案的实验结果,培养学生的创新思维和实践能力。

学生自行设计实验步骤,选择实验仪器和药品等。例如,以"探究不同品种茶叶中咖啡因含量的差异"为主题,学生可以自主选择研究的茶叶品种,然后设计实验来探究其咖啡因含量。通过自主设计和实施实验,培养创新思维和实验设计能力。

学生进行跨学科实验,结合物理、生物等其他学科知识设计实验。例如,设计一个利用化学反应原理来提取茶叶咖啡因的实验,涉及化学中的萃取、升华等操作,物理中的热传导等原理,以及生物中关于茶叶成分的知识。通过跨学科实验,拓宽学生的知识视野,培养学生从不同角度思考问题和解决问题的创新思维能力。

4.2 实验准备

购买实验必要装置和材料,包括以下部分:

表 2　购买实验必要装置和材料表

实验器材和原材料	数量	来源
脂肪提取器、恒压漏斗、烧瓶、冷凝管、蒸发皿等	一套	购买
95%乙醇、生石灰等	适量	购买
茶叶（西湖龙井、铁观音、浙江花茶、云南滇红等）	若干	从市场采购

4.3 实验步骤

4.3.1 实验装置搭建

①搭建脂肪提取器装置。

②搭建恒压漏斗滴液装置。

③搭建水-升华提取装置。

4.3.2 样品准备

①称取一定质量的茶叶，分别放入不同提取装置中。

②加入适量的溶剂或水。

4.3.3 提取过程

①进行 Soxhlet 提取，连续萃取一定时间后，进行蒸馏浓缩、加碱中和、焙炒除水和升华等步骤。

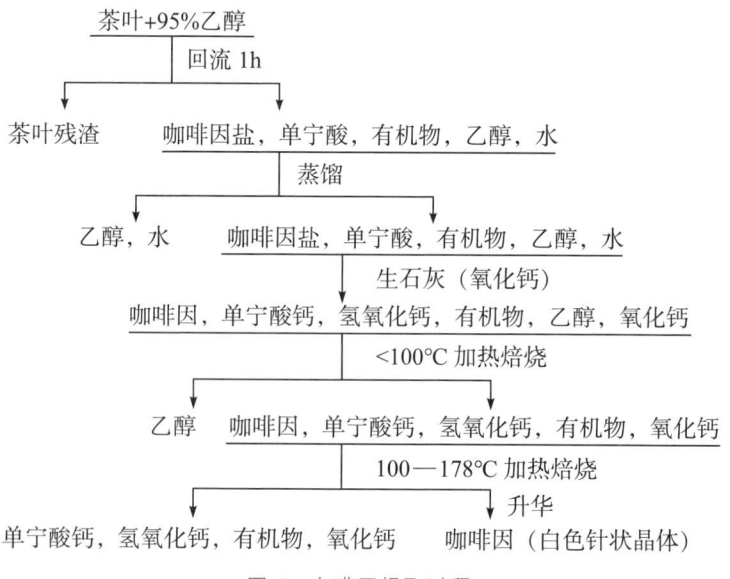

```
茶叶+95%乙醇
     ↓ 回流 1h
茶叶残渣 → 咖啡因盐，单宁酸，有机物，乙醇，水
              ↓ 蒸馏
乙醇，水    咖啡因盐，单宁酸，有机物，乙醇，水
              ↓ 生石灰（氧化钙）
            咖啡因，单宁酸钙，氢氧化钙，有机物，乙醇，氧化钙
              ↓ <100℃ 加热焙烧
乙醇    咖啡因，单宁酸钙，氢氧化钙，有机物，氧化钙
              ↓ 100—178℃ 加热焙烧
                              ↓ 升华
单宁酸钙，氢氧化钙，有机物，氧化钙    咖啡因（白色针状晶体）
```

图 1　咖啡因提取过程

仪器安装：本实验选取脂肪提取器（索氏提取器），从而实现物质的分离。

连续萃取：称取 10 g 茶叶，将茶叶置于脂肪提取器的自制滤纸套筒中，再组装至脂肪提取器中，用 120 mL 95%的乙醇溶液作为萃取剂，加热回流 1 h。

蒸馏浓缩：待脂肪提取器出现虹吸现象后，立即停止加热，充分冷却且液体回流后，拆除提取器，改用蒸馏头、冷凝管等搭建成套蒸馏装置，通过蒸馏方法使乙醇作为馏分蒸出，未蒸出的乙醇仍在烧瓶中，体积约为 15 mL 为宜。

加碱中和：趁热将烧瓶中的余液转移至蒸发皿中，并加入 4 g 生石灰，搅拌使其成糊状。

焙炒除水：将蒸发皿置于铁圈上，用酒精灯进行加热，在蒸发过程中使用玻璃棒不断搅拌，使得糊状物逐渐蒸干且呈松散状。

仪器安装：搭建升华装置。将滤纸用针扎出均匀分布的小孔，并罩在蒸发皿上，再罩上口径与滤纸大小接近的玻璃漏斗。

升华：用酒精灯加热蒸发皿，使蒸发皿中的物质直接升华，当滤纸表面出现白色毛状晶体时，熄灭酒精灯，用刮刀轻轻刮下滤纸表面的晶体，即得到咖啡因。

再次升华：待装置温度冷却至 100 ℃左右，揭开漏斗和滤纸，将黏附于滤纸背面及蒸发皿表面的固体刮下，使其再次加热升华，得到咖啡因晶体，与上一步得到的咖啡因晶体合并。

进行四组实验，每组分三次，分别用同种茶叶和不同种实验方法来完成。

图 2　索氏提取器

实验过程中遇到的难点与解决方法：

难点一：索氏提取器中的滤纸筒制作不易。解决方法：上网搜索相关教程进行制作。

难点二：升华提取的过程中温度不方便控制。解决方法：将酒精灯改为调温电热套，并配合温度计套管合理使用温度计。

难点三：水-升华提取法中，如果直接用纱布包住茶叶，取出时由于沸腾后温度过高导致一定的不便。解决方法：在纱布中加一根线，类似于茶包，方便提出。这样既不用单独滤去茶渣又不用等待冷却后再取出。

数据如下表：

表7-2　不同茶叶提取的实验数据

实验方法＼咖啡因质量/g＼茶叶	西湖龙井	铁观音	天福茗茶	凤庆滇红
恒压漏斗滴液法	0.119	0.098	0.071	0.177
索氏提取法	0.108	0.097	0.068	0.187
水-升华提取法	0.069	0.068	0.045	0.129

②进行恒压漏斗滴液提取，调节滴液速度，提取一定时间后，进行浓缩、蒸干和升华等步骤。

首先在圆底烧瓶中放入2—3颗沸石和磁力搅拌子，称取10 g茶叶，放入恒压漏斗中，保持恒压漏斗活塞为关闭状态，量取60 mL 95%的乙醇加入恒压漏斗中，使其充分浸泡茶叶。随后打开活塞，将浸取液放入圆底烧瓶中，再关闭恒压漏斗的活塞。恒压漏斗顶部连接球形冷凝管。

打开冷却水，在酒精灯上加热，随着温度升高，溶剂蒸气从恒压漏斗侧管上升，进入球形冷凝管后又冷凝为液体，回流滴入恒压漏斗中的茶叶上，且在恒压漏斗中液面会不断升高，当液面达到一定高度时，调节恒压漏斗活塞,使回流的冷凝液的滴入速率与恒压漏斗下口放出液体的速率一致。

连续提取约半小时后,恒压漏斗中的提取液的颜色逐渐变淡至无色,即可停止加热。待装置充分冷却后,将恒压漏斗从烧瓶上拆出,改用蒸馏头、冷凝管等搭建成套蒸馏装置,通过蒸馏回收提取液中的溶剂乙醇,将母液浓缩至 10—15 mL。

将得到的浓缩液转移到蒸发皿中,辅以生石灰 4 g,形成糊状物。加热,蒸干浓缩液中剩余的乙醇,并用玻璃棒搅拌和碾压,通过焙炒,使大块固体变成粉末状颗粒。

将实验装置改为升华装置,调整酒精灯火焰进行升华,当加热到产生棕色烟雾时,停止加热,得到的白色针状晶体即为咖啡因。

采用恒压漏斗滴液法进行实验,共涉及 4 组实验样本,称取相同质量的茶叶末,提取相同的时间,来进行咖啡因含量测定。

图 3　回流完的茶叶

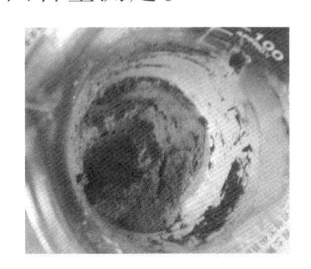

图 4　加入氧化钙搅拌成泥状

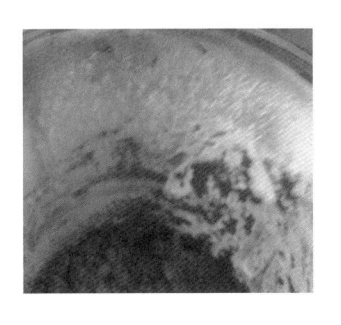

图 5　升华后的漏斗内壁

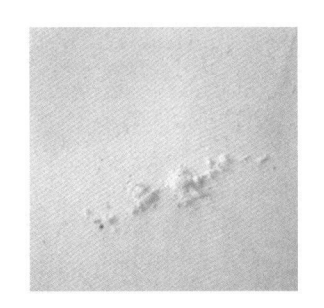

图 6　咖啡因提取产物

实验过程中遇到了不少难点,主要体现在以下方面:

难点一:向恒压漏斗中塞入脱脂棉时,由于恒压漏斗壁较为光滑,且下方液体流下处的口径较窄,脱脂棉容易滑落。解决方法:用玻璃棒按住一块较小的脱脂棉,使其恰好塞住管口。

难点二:在一开始通入冷凝水的过程中对选择哪一端进水有疑问。解决方法:咨询相关人员后,了解到应是远端进水,否则索氏提取器靠近蒸气入口有危险。

难点三:升华时取走酒精灯和漏斗的时机。解决方法:待蒸发皿中的药品炭化变黑后再取走酒精灯,而这时不能马上取走漏斗,要耐心等待,冷却一段时间再观察是否有晶体。

难点四:由于在升华过程中咖啡因不仅会结晶于滤纸上,还会附着在漏斗壁上,收集较为不易。解决方法:耐心将肉眼可见处的白色结晶全部刮下,升华要完全。

结果如图 7 所示。

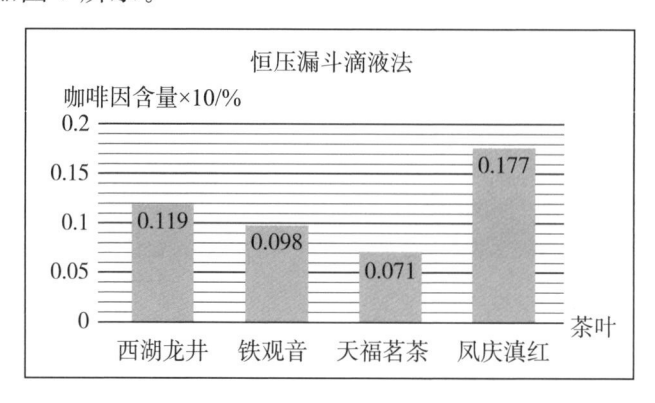

图 7 恒压漏斗滴液法测定结果

可以看到,凤庆滇红的咖啡因含量是最高的,约有 1.77%,而其他三种茶叶的咖啡因含量都远不及凤庆滇红。西湖龙井的咖啡因含量次之,约有 1.19%,铁观音的咖啡因含量则不到 1%,天福茗茶的测定咖啡因含量只有 0.71%,不及凤庆滇红的一半。

③进行水-升华提取,煮沸一定时间后,进行过滤、浓缩和升华等步骤。

称取 10 g 茶叶,用纱布包起形成纱袋,置于烧杯中,加入磁力搅拌子,再向其中加入 100 mL 去离子水,煮沸。

搅拌加热 30 分钟,捞出纱袋,将得到的茶叶水转移至漏斗中过滤,合并滤液,置于圆底烧瓶中,使用旋转蒸发仪加热浓缩至 12—15 mL 左右。

将浓缩液转移至蒸发皿中,加入 4 g CaO 固体,搅拌得到糊状物,将一干净的表面皿置于蒸发皿表面,小火加热,当产生棕色烟雾时,熄灭酒精灯,待冷却后,用刮刀刮下表面皿底面上的晶体,即得到咖啡因晶体。

5 结果记录

①观察并记录不同提取方法得到的咖啡因晶体的产率和纯度

②比较不同茶叶品种中咖啡因的含量

常见茶叶中咖啡因含量(按含量由低到高的顺序)

天福茗茶:0.71%

铁观音:0.98%

西湖龙井:1.19%

凤庆滇红:1.77%

6 数据分析与讨论引导

数据处理是实验研究的重要环节。教师引导学生对实验数据进行分析和讨论,帮助他们理解数据背后的意义。通过数据分析,学生可以发现实验中的规律和问题,从而提出改进措施和新的研究方向。

学生可以分析不同提取方法得到的咖啡因的产率和纯度数据,找出最佳的提取方法;还可以比较不同茶叶品种中咖啡因的含量,探讨其差异的原因等。

学生反思:

(1)索氏提取法得到的咖啡因是三种提取方法中产率较高的一种。但索氏提取器价格比较昂贵,且自制纸筒较难做到完美,故操作上有一些困难。索氏提取法也需要使用高浓度的乙醇溶剂,其易燃,可能会造成一定的危险。同时,索氏提取器使用虹吸管来进行多次回流,且必须在溶剂装满的情况下才能够进行一次回流,一定程度上增加了实验所需的时间和精力。

（2）恒压漏斗滴液法是在索氏提取法之上进一步改进而得出的方法。通过调节恒压滴液漏斗下方的活塞,使恒压漏斗内的液体累积量处于较稳定的状态,恒压漏斗下方液体的流出量与冷凝回流液的流入量相同,此过程物料守恒,因而对溶剂的消耗量较少。同时,在提取过程中可以适当补充新溶剂,由于回流得到的冷凝液温度仍然较高,接近溶剂的沸点,故待提取的样品始终在热溶剂中能够有较好的浸出效率,故整体提取咖啡因的效率更高。并且可通过生石灰用量的适当增多,使粗产品的湿度降低,有利于后续升华,使结晶率更高,因此这种方法的产率较高。

（3）水-升华提取法是三种实验方法中操作最简单易行的,对周围环境无影响,水作为溶剂成本也较低,但产率和纯度均不高。

7 研究结论总结

通过本次研究,学生不仅掌握了咖啡因的提取和分析方法,还能够培养批判性思维和创新思维能力。例如,学生可以发现现有提取方法的不足之处,思考如何改进实验方案,提高提取效率和纯度;还可以提出新的研究方向,如探究茶叶中其他化学成分的提取和分析方法等,为茶叶化学研究做出更大的贡献。

由于时间不够充分,所取的实验样本不够大,所以学生对实验结果精度仍有一定疑惑。同时觉得对于每种方法的纵向比对不够全面,数据太少。如果能对所提取的产物进行精确的纯度检测,研究会更为完整。

8 报告撰写,成果交流

在研究过程中,学生以问题为导向,学习了多种物质分离提纯的实验方法,在与同学、老师交流的过程中,分享自己的研究成果和观点。学生在碰壁中找到新思路,不断因需而学习新知识,提高了研究的质量和水平。

9 未来研究方向引导

通过本次研究,学生可以继续深入研究咖啡因的其他方面,如不同茶叶品种中咖啡因含量的变化规律、不同提取条件对咖啡因提取效率和纯度的影响等,为茶叶化学的研究和茶叶产业的发展做出更大的贡献。

实践3：食物中亚硝酸盐检测以及产生机理分析和预防对策

1 课题的选择与确定

在日常生活中，我们对食品安全的关注日益增加，尤其是食物中的亚硝酸盐含量问题。亚硝酸盐作为一种常见的有毒化学物质和致癌物，其在食物中的存在形式和产生机理值得深入探究。通过这一课题的研究，旨在培养学生的科学探究能力，提高他们对食品安全的认识。

随着生活水平的提高，健康生活的理念深入人心。然而，有毒食品曝光事件时有发生，这促使我们更加关注食物中的亚硝酸盐含量。通过中学所学的化学知识和基本器材，学生可实际动手检测食物中的亚硝酸盐含量，分析其产生机理并提出预防对策。这一过程不仅能够满足学生的好奇心，还能激发他们的创新思维。

课题确定为"食物中亚硝酸盐检测以及产生机理分析和预防对策"。

2 问题引导

2.1 提出启发性问题

在实验过程中，教师提出一系列启发性问题，引导学生深入思考。例如"亚硝酸盐在食物中的存在形式是怎样的？""烹饪过程中亚硝酸盐的含量会发生怎样的变化？""如何通过实验检测食物中的亚硝酸盐含量？"等等，这些驱动性问题能够帮助学生思考，提升学生分析问题和解决问题的能力。

2.2 鼓励学生提问

营造宽松的实验氛围，鼓励学生提出自己的疑问和想法。无论问题大小或看似是否合理，教师都应给予积极的回应和引导。学生在实验中发现某些食物的亚硝酸盐含量异常，教师引导学生思考可能的原因，鼓励学生通过查阅资料、进一步实验等方式来探究真相，培养学生的质疑精神和创新思维。

3 背景知识传授与研究意义的阐述

亚硝酸盐的检测和分析需要学生具备一定的化学知识,如化学反应原理、实验操作技能等。通过传授这些背景知识,学生能够更好地理解实验过程,从而为创新思维提供素材和背景。同时,了解亚硝酸盐的产生机理和预防对策,有助于学生从不同角度思考问题,培养他们的创新思维能力。

随着科技的发展和社会的进步,新的知识和信息不断涌现。在研究亚硝酸盐的过程中,学生需要不断更新自己的知识储备,关注最新的研究成果和检测方法。例如方便快捷的比色法、更加精确的传感器(色度计)法。

三种测定方法

第一种:分光光度法

主要原理是 NO_2^- 对 $KBrO_3$ 氧化染料而褪色的反应有较明显的催化作用,当 NO_2^- 的浓度在一定范围内,吸光度变化与 NO_2^- 浓度呈较好的线性关系,因此,可用该原理定量测定溶液中 NO_2^- 的浓度。

第二种:比色法

原理是样品经沉淀蛋白质、除去脂肪后,在弱酸条件下亚硝酸盐与对氨基苯磺酸重氮化后,再与 N-1-萘基乙二胺偶合形成紫红色染料,与标准比较定量。[1]

第三种:滴定法

原理是利用亚硝酸根在酸性条件下与碘离子反应生成碘单质,再用硫代硫酸钠溶液滴定生成的碘单质,间接测定食品中亚硝酸盐的含量。

---

[1] 华雪兰.闽西酸菜中亚硝酸盐的监控研究[D].厦门:集美大学,2011.

表 1　测定方法对比

实验方法	优势	劣势
分光光度法	灵敏度高,适应范围广,成本低	需要专用仪器
比色法	操作简便,无须专用仪器	比色数值不连续,样品需做一定处理
滴定法	灵敏度高,重现性好	操作较复杂,需消耗一定试剂

本课题的测试目标值在国标规定的 1—30 mg·kg^{-1} 附近,上述三种方法都可以满足所需灵敏度,但考虑到操作便利性,实验选定比色法作为亚硝酸盐测定方法。

4 实验指导

4.1 优化实验设计

教师引导学生对传统的实验方案进行改进和优化。例如,在检测亚硝酸盐含量时,教师可以引导学生思考如何提高检测的准确性和灵敏度,并鼓励学生尝试使用不同的试剂或改进实验步骤,通过对比不同方案的实验结果,培养学生的创新思维和实践能力。

教师给出实验主题和目标,学生开展开放性实验,让学生自行设计实验步骤、选择实验仪器和药品等。例如,以"探究不同烹饪方式对食物中亚硝酸盐含量的影响"为主题,学生可以自主选择研究的烹饪方式,如煮、炒、蒸等,然后设计实验来探究不同烹饪方式对亚硝酸盐含量的影响。通过自主设计和实施实验,培养学生的创新思维和实验设计能力。

学生进行跨学科实验,结合物理、生物等其他学科知识设计实验。例如,设计一个利用化学反应原理来检测食物中亚硝酸盐含量的实验,涉及化学中的氧化还原反应、物理中的光学原理和生物中关于食品安全的相关知识。通过跨学科实验,拓宽学生的知识视野,培养学生从不同角度思考问题和解决问题的创新思维能力。

在团队协作中,教师鼓励学生相互交流、讨论,碰撞出思维的火花。例如,在进行亚硝酸盐检测实验时,小组成员可分别负责查阅资料、设计实验方案、进行实验操作、记录数据等工作,通过合作共同解决实验中遇到的问题,并注重实验观察。

在实验结果分析环节,教师鼓励学生根据实验现象和已有的化学知识,进行大胆的想象和推测。例如,在观察到某些食物在特定条件下亚硝酸盐含量变化后,引导学生想象,如果改变其他条件,可能会发生怎样的变化,然后通过实验进行验证,培养学生的想象能力和创新思维。

4.2 实验准备

购买实验必要装置和材料,包括以下部分:

表2 实验必要装置和材料表

实验器材和原材料	数量	来源
中学化学套件	一套	购买
活性炭	1 kg	购买
显色试剂	30 份	购买
食材	各种类若干	从家庭日常采购中选择
微波炉等厨房用具	一套	家中现有

4.3 实验步骤

①实验装置搭建。

②测试样品准备。

③样品过滤。

④样品除色(加活性炭)。

⑤滴入试剂管。

⑥定时显色(10 min)。

比色卡说明:比色卡数值×10 即为亚硝酸盐含量($mg \cdot kg^{-1}$)。

⑦记录测试结果和环境情况。

⑧实验器材清洗和整理。

图 1　测试样品准备　　　　　图 2　样品除色操作

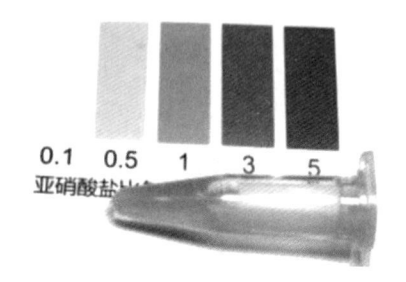

图 3　定时显色

图 4　记录测试结果和环境情况

5 数据分析与讨论引导

数据处理能力的提升是实验研究的重要环节。教师引导学生对实验数据进行分析和讨论，帮助他们理解数据背后的意义。通过数据分析，学生可以发现实验中的规律和问题，从而提出改进措施和新的研究方向。

5.1 现行国家标准

新鲜食材亚硝酸盐含量标准。

熟食、腌制类食品亚硝酸盐含量标准。

5.2 实验结果对比

原料初始情况如表3。

表3 原料初始情况

种类	亚硝酸盐含量	国家标准
青菜（汁）	$<1\ mg\cdot kg^{-1}$	$4\ mg\cdot kg^{-1}$
纯橙汁	$<1\ mg\cdot kg^{-1}$	$4\ mg\cdot kg^{-1}$
蘑菇排骨汤	$<1\ mg\cdot kg^{-1}$	未搜寻到
老鸭汤	$<1\ mg\cdot kg^{-1}$	未搜寻到
牛奶	实验未测出	$0.2\ mg\cdot kg^{-1}$
双汇风味烤肠	$15\ mg\cdot kg^{-1}$	$30\ mg\cdot kg^{-1}$
外婆自制泡菜	$6\ mg\cdot kg^{-1}$	$20\ mg\cdot kg^{-1}$
中盐食盐	$<1\ mg\cdot kg^{-1}$	$2\ mg\cdot kg^{-1}$
镇江香醋	$<1\ mg\cdot kg^{-1}$	未搜寻到
料酒	$<1\ mg\cdot kg^{-1}$	未搜寻到

上述原料中，部分原料如火腿肠等为固体且不溶于水，故其亚硝酸盐含量参照网上文献给出的数据，其余原料在比色后均无明显色变，故判定其亚硝酸盐含量$<1\ mg\cdot kg^{-1}$。

结果如图5所示。

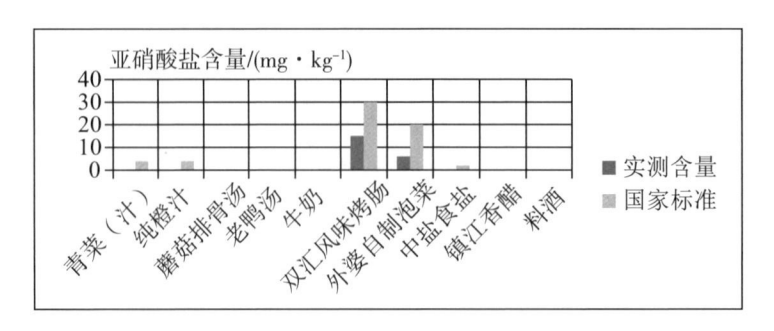

图 5　亚硝酸盐含量测定

烹饪过后情况如表 4。

表 4　烹饪过后亚硝酸盐测量情况

食物	测量时间	温度	空气流通	测量方法	测量结果
橙汁	2020/3/1 18:45	6 ℃	流通	比色法	<1 mg·kg^{-1}
馄饨	2020/4/2 18:00	10 ℃	流通	比色法	<1 mg·kg^{-1}
蘑菇排骨汤	2020/4/11 21:30	13 ℃	流通	比色法	6 mg·kg^{-1}
青菜（汁）	2020/4/18 18:00	17 ℃	流通	比色法	1 mg·kg^{-1}
老鸭汤	2020/4/19 12:00	17 ℃	流通	比色法	2 mg·kg^{-1}
牛奶	2020/4/30 17:00	25 ℃	流通	比色法	—

测量结果如图 6 所示。

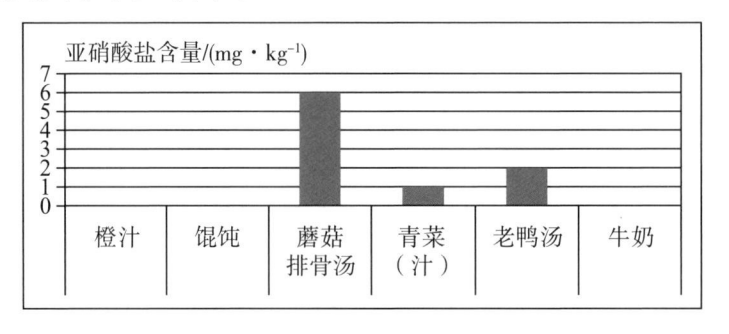

图 6　烹饪过后亚硝酸盐测量情况

食物放置后情况如表 5。

表 5 放置后食物中亚硝酸盐情况

食物	温度	放置时间	测量结果	放置时间	测量结果
橙汁	6 ℃	0 h	<1 mg·kg^{-1}	48 h	0
馄饨	10 ℃	0 h	<1 mg·kg^{-1}	24 h	2 mg·kg^{-1}
蘑菇排骨汤	13 ℃	27 h	6 mg·kg^{-1}	40 h	7 mg·kg^{-1}
青菜(汁)	17 ℃	0 h	1 mg·kg^{-1}	24 h	1 mg·kg^{-1}
老鸭汤	17 ℃	18 h	2 mg·kg^{-1}	37 h 50 min	2 mg·kg^{-1}
牛奶	25 ℃	3 h	—	—	—

测量结果如图 7 所示：

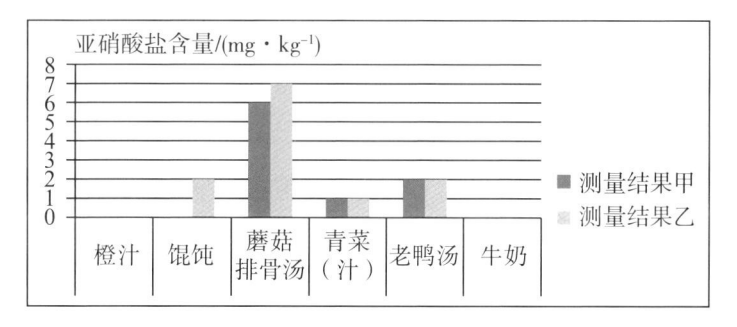

图 7 放置后食物中亚硝酸盐情况

食物翻热后情况如表 6。

表 6 食物翻热后亚硝酸盐情况

食物	翻热次数	测量结果	翻热次数	测量结果
橙汁	0	<1 mg·kg^{-1}	—	—
馄饨	0	0 mg·kg^{-1}	1	2 mg·kg^{-1}
蘑菇排骨汤	2	6 mg·kg^{-1}	2	7 mg·kg^{-1}
青菜(汁)	0	1 mg·kg^{-1}	2	5 mg·kg^{-1}
老鸭汤	2	2 mg·kg^{-1}	3	7 mg·kg^{-1}
牛奶	2	—	—	—

测量结果如图 8 所示。

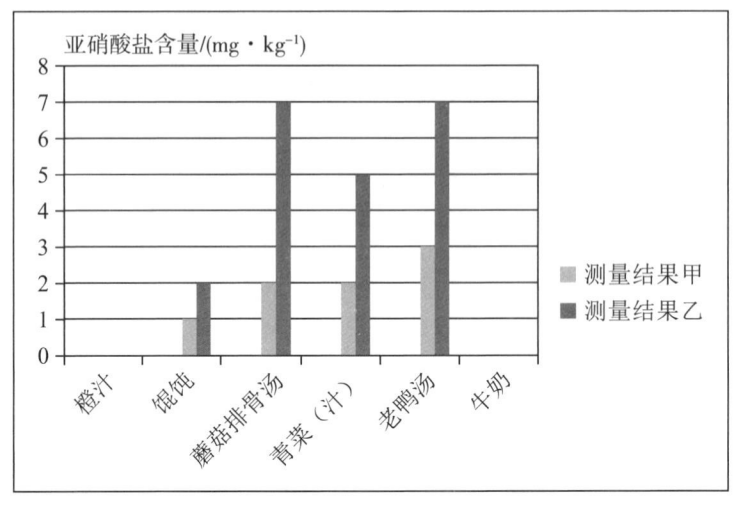

图 8 食物翻热后亚硝酸盐情况

5.3 实验结果说明

从原料数据可以看出,在我国经历过一些食品安全事件以后,至少在上海地区,一般食材的亚硝酸盐含量基本严格遵守标准;同时新鲜食材的亚硝酸盐含量远低于火腿肠、泡菜等加工熟食和腌菜。

食材在烹饪后亚硝酸盐含量均无明显上升,可能是因为加热对亚硝酸盐有分解破坏作用,另外烹饪时加水也是降低浓度的主要原因之一。

低温放置的剩菜,其亚硝酸盐含量在一定时间内增加不明显,在常温下长时间放置的剩菜的亚硝酸盐含量增加较多。

剩菜翻热后亚硝酸盐含量增加,不论是素食还是荤菜均有较大幅度增加。

6 研究结论总结

在研究亚硝酸盐的过程中,学生需要具备质疑精神,对现有的理论、方法和观念提出疑问。例如,对于传统的亚硝酸盐检测方法,学生思考是否存在更准确、更快速的方法。通过质疑和探索,学生发现现有方法的不足和缺陷,从而提出创新的解决方案。

通过实验研究,学生可以发现食物中亚硝酸盐含量的检测和分析中存在的问题,如检测方法的灵敏度不够、实验步骤繁琐等。这些发现为创新思维提供了方向,促使学生思考如何改进实验方法和提高检测效率。

7 报告撰写,成果交流

在研究过程中,学生可以与同学、老师或专家进行合作和交流,分享自己的研究成果和观点。通过多元视角的碰撞,学生能够获得新的思路和方法,从而提高研究的质量和水平。

师生、生生合作与交流还能够实现资源共享。学生能获取更多的实验数据、研究方法和参考资料,这些资源有助于学生更好地完成研究任务,多视角分析实验结果,发展创新思维。

学生依据实验结果,提出了日常饮食中预防亚硝酸盐的对策:

对于不同种类的食品,相关部门是否可以制定不同的标准。例如可以把食品细化分为熟食类、新鲜蔬果类、干食类等等,再将熟食类分为腌制食品、烤制食品等等,将新鲜蔬果类分为绿叶蔬菜、真菌类蔬菜、瓜类蔬菜、豆类蔬菜等等,以此类推。

养成科学的饮食习惯。不管是新鲜食材还是超市里买来的熟食,食品的原料都是需重点关注的。建议在进行食品的选购时确保食品原材料的新鲜程度和质量;其次,尽量少直接食用加工类熟食、腌制类食品或用它们作原料的食品。

亚硝酸盐可溶于水,因此在剩菜的汤汁中,亚硝酸盐含量往往多于剩菜固体本身。固然,食品尤其是蔬菜中的水溶性营养成分有部分溶解于汤汁中,但是亚硝酸盐带来的危害可能更大,且汤汁为细菌滋生提供了有利条件,而细菌则是亚硝酸盐生成的催化剂之一;同时,从实验数据也可以看出,低温下放置的食品明显比常温下放置的食品在相同时间内生成的亚硝酸盐少得多。综上,对于长时间放置后的剩菜:第一,尽可能避免食用菜汤;第二,在常温下放置的食品应谨慎食用。

从本实验研究的数据来看,一次或多次翻热是导致食品中亚硝酸盐含量大幅增加的重要原因之一。现在有部分上班族或学生将午饭带来单位或学校,翻热后再食用。针对这一现象,本实验的建议是尽量带一些无须翻热的食品作为午餐,尽可能避免翻热,尤其是多次翻热。另外也需注意炎热天气条件下食品长时间放置可能引发的除亚硝酸盐含量超标以外的其他食品安全问题,如食品变质等。

8 未来研究方向引导

通过本次研究,学生不仅能够掌握亚硝酸盐的检测和分析方法,还能够培养批判性思维和创新思维能力。未来,学生可以继续深入研究亚硝酸盐的其他方面,如探究不同食物中亚硝酸盐的含量变化规律、不同环境条件下亚硝酸盐的生成机制等,为食品安全研究做出更大的贡献。

实践 4：中草药对草莓保鲜作用的研究

1 课题的选择与确定

草莓是蔷薇目蔷薇科植物，味道鲜美，营养丰富。新采摘的草莓果肉含水量高达 95%，组织鲜嫩，但采摘后极易腐烂变质，常温下只能存放 1—2 天，对运输和销售都造成了极大困扰。学生对草莓等水果的保鲜产生了浓厚的兴趣。由于学生家庭成员有中药研究的背景，因此联想到中药除了有治愈疾病的广泛作用外，是否有对草莓保鲜的作用？所以课题确定为"中草药对草莓保鲜作用的研究"。

2 问题引导

2.1 提出启发性问题

要想了解中草药是否对草莓有保鲜作用，首先要了解"草莓腐烂发生变化的原理是什么？"只有了解了变化的原理，才能寻找"是否有方法能够阻碍或延缓草莓变质？""常见的中草药里哪些是具有抗氧化作用的？""对于草莓这种水果的保鲜，使用什么样的保鲜方式成本较低、方便操作？"等问题的答案。

2.2 鼓励学生提问

在确定主题之前教师引导学生思考以下问题："从哪些指标来判断草莓的新鲜程度呢？""运用什么样的实验方法来评估不同的中草药的保鲜效果？""如何找到对草莓保鲜效果最好的中草药配方？"等等。

3 背景知识传授与研究意义的阐述

指导学生进行文献学习。首先查阅文献，了解到草莓腐烂的原因是遭受霉菌的侵害，如果能抑制霉菌的生长，就能达到草莓保鲜的目的。在常见的中草药中，黄芪是现代研究中应用较广的一种，它可提高免疫功能,促进伤口愈合,有抗菌、抑制病毒、抗肿瘤等作用。[1] 近年来研究证实,白鲜皮具有抗炎、抗真菌、抗动脉粥样硬化、止血、抗癌、神经保护以及抗氧化等药理作用。[2] 现有已报道的文献中,关于中草药应用于水果保鲜领域的研究较少,而将黄芪或白鲜皮制成的涂膜液,应用于草莓保鲜效果的探究实验几乎没有被报道。本研究主要探究两种中药黄芪、白鲜皮对草莓的保鲜作用。

4 实验指导

4.1 实验设计方案

教师引导学生通过文献研究,确定和明确研究方向,对黄芪涂膜液、白鲜皮涂膜液及两者复合液对草莓的保鲜效果进行探究。可以通过比较不同涂膜液处理后草莓物性、营养、生化等方面指标的变化,比较其保鲜效果的差异,以期为草莓采后保鲜提供数据参考。

当医生给病人开药时,药量不同可能疗效会不一样。借鉴药量影响疗效的原理,本研究探究不同浓度的黄芪、白鲜皮涂膜液对草莓的保鲜效果。类似空气的洁净程度可以用一些污染物的浓度高低去评估,草莓的新鲜程度可以通过哪些指标评估?通过文献查阅的结果,了解到可以通过物性、营养、生化等指标综合评估草莓的保鲜效果。此实验方案的设计可以利用控制变量法测量保鲜效果。

4.2 优化实验设计

在本研究中设计3组实验,分别用不同浓度的黄芪、白鲜皮、两者混合的浸泡液对草莓进行涂膜,然后进行各项指标的检测。

根据文献,维生素C广泛存在于植物组织中,与其他还原剂共同维持细胞正常的氧化还原代谢反应及酶活性。它不仅是草莓的主要营养成分,还能一定程度上延缓果实的衰老,所以是果蔬的营养品质和贮藏

---

[1] 薛嘉宁,赵容,蔡欣航,等.黄芪的本草考证及其研究进展[J].中国民族民间医药,2023,32(1):62.

[2] 高丽娜,李睿超,周长征,等.白鲜皮化学成分及药理作用研究进展[J].中国中药杂志,2022,47(14):3723.

效果的重要评价指标之一。在贮藏期间,果蔬中的可滴定酸(TA)作为呼吸底物被代谢吸收,在一定程度上预示着果蔬内部营养物质消耗情况,是影响果实风味和品质的重要因素,是评判果蔬品质的重要指标,较高的 TA 含量有利于保持果实的风味。果蔬中的可溶性固形物含量,可直接反映水果的成熟程度和品质,该含量被广泛用于检测果蔬品质和贮藏效果。果实硬度是衡量水果在贮藏期间品质变化的重要指标,其反映果实的成熟度以及熟后软化、衰老程度,与质构有密切的联系。所以实验方案确定为通过检测维生素 C 含量、可滴定酸含量、可溶性固形物含量、果实硬度四个指标,对果实的新鲜程度作出评估。

第一组　黄芪保鲜液配方(A——5%可溶性淀粉)
5%黄芪涂膜液:A+5%黄芪提取液
10%黄芪涂膜液:A+10%黄芪提取液
15%黄芪涂膜液:A+15%黄芪提取液

第二组　白鲜皮保鲜液配方(A——5%可溶性淀粉)
5%白鲜皮涂膜液:A+5%白鲜皮提取液
10%白鲜皮涂膜液:A+10%白鲜皮提取液
15%白鲜皮涂膜液:A+15%白鲜皮提取液

第三组　复合涂膜保鲜液配方(A——5%可溶性淀粉)
5%复合涂膜液:A+2.5%黄芪提取液+2.5%白鲜皮提取液
10%复合涂膜液:A+5%黄芪提取液+5%白鲜皮提取液
15%复合涂膜液:A+7.5%黄芪提取液+7.5%白鲜皮提取液

涂膜处理:分别将 1 kg 新鲜程度一致的草莓,在上述不同浓度梯度的涂膜液中浸泡约 15 min,用去离子水做空白对照实验,待浸泡完成后,取出草莓自然晾干,盛于果蔬专用保鲜盒中,置于 4 ℃下贮藏。每种处理方法重复 3 次实验,且取样时间间隔设定为 2 天,进行各项指标测定。

4.3 实验准备

实验材料：

草莓：购买时选择新鲜、果实饱满、无病虫害、无机械损伤、质量均匀、成熟度一致的果实。冷藏运输，4 ℃下在冰箱中保存备用。

中药：白鲜皮、黄芪购于一般药店。

实验所需药品：抗坏血酸、草酸、2,6-二氯酚靛酚钠盐、酚酞、硫代巴比妥酸、三氯乙酸（以上皆为分析纯）。

实验仪器：

电子分析天平、紫外-可见分光光度计、离心机、阿贝折射仪、波通质构仪

4.4 实验实施

在实验进行之前，引导学生先规划实验进程，也就是把整个实验进程用思维导图或图表的形式列出来，让学生清楚先做什么后做什么，在规划的时候能够发现问题，在实验前就能优化方案，少做重复的劳动。

中草药提取液的制备

将黄芪打粉，准确称取 50 g，加入 500 mL 去离子水，26 ℃在摇床中以转速 260 rpm/min，振荡 4 小时，在 4 ℃下静置 4 h，取上层清液，4 ℃下在低温离心机中以转速 4000 rpm/min 离心 10 min，收集上层清液，即为黄芪提取原液，4 ℃下冷藏备用。

白鲜皮提取液的制备：同上。

涂膜液的配制

按照实验方案中涂膜液的配比进行配制，得到不同浓度的涂膜液，并贴好标签加以区别。

指标测定

①抗坏血酸 VC 含量的测定

采用 2,6-二氯酚靛酚滴定法。

教师引导：

滴定法是中学生必须掌握的一项实验技术，滴定包括酸碱滴定、氧化还原滴定、沉淀滴定、配位滴定。中学里详细学过酸碱滴定技术，其

他三种滴定虽然反应的原理不同,但操作方法基本一致。在拓展实验中已经练习过滴定的操作,所以这个滴定实验在中学实验条件下是可以完成的。

2,6-二氯酚靛酚滴定维生素C属于氧化还原滴定。在酸性溶液中,2,6-二氯酚靛酚呈红色,发生还原反应后,变为无色。还原型抗坏血酸(维生素C)能作为还原剂还原2,6-二氯酚靛酚,其自身则发生氧化反应,变为脱氢抗坏血酸。在测定过程中,当滴入最后半滴2,6-二氯酚靛酚溶液时,溶液恰好从无色转变成浅红色,且半分钟内不褪色,表明维生素C全部被氧化,即此时到达滴定终点。根据滴定过程中2,6-二氯酚靛酚标准液的体积,可以求算出待测样品中维生素C的含量。

②可滴定酸含量的测定

采用氢氧化钠滴定法。

教师引导:

酸碱滴定是高中课内学习的内容,学生很容易理解和操作。随机取3颗草莓,准确称取10 g,用组织捣碎机捣碎成匀浆,用去离子水定容至100 mL,过滤,滤液经离心处理,取10 mL上层清液于锥形瓶中,再向其中滴加2—3滴酚酞作为滴定终点的显色指示剂,用0.1 mol·L^{-1}的NaOH溶液作为标准溶液,对上层清液进行滴定,当滴入最后半滴标准溶液时,溶液由无色变为浅红色且半分钟内不褪色,即达到滴定终点。重复滴定三次。

计算公式:总酸(%)=$V \times c \times K \times$稀释倍数$\times 100 \div W$

其中:c——NaOH标准溶液的物质的量浓度(mol·L^{-1});

V——滴定过程中所消耗的NaOH标准溶液的体积(mL);

W——样品质量(g);

K——换算系数,为0.075。

③可溶性固形物含量的测定

用ATC手持阿贝折射仪进行测定,需重复操作三次。

教师引导:

ATC手持阿贝折射仪是中学化学不太能涉及的一种仪器,所以在使用之前要把仪器的原理跟学生阐述清楚,并且教会学生如何使用仪器。ATC手持阿贝折射仪是一种用于测定物体折射率和色散的光学仪器,其原理是利用物体对光的折射作用来测定物体的特性。当光通过物体时,由于物体中光速度的改变,会造成光线的折射和偏移。通过测量光线折射角和入射角之间的关系,可以计算出物体的折射率和色散。在材料科学领域,阿贝折射仪被用于研究各种材料的光学性质,从而帮助科学家更好地理解材料的本质和用途。这是一个涉及物理学科光学原理的检测仪器,通过使用仪器,学生也进行了跨学科的学习。

测定固形物的步骤是将待测的固形物样品研磨成粉末或切成薄片,确保其表面平整,在折射棱镜的抛光面上加1—2滴溴代萘,以确保样品与棱镜接触良好。打开ATC手持阿贝折射仪,确保仪器处于正常工作状态,将折射棱镜的抛光面与样品接触,确保样品表面平整且无气泡。测量时,通过目镜观察视场,找到明暗分界线。明暗分界处即为临界角的位置,调整手轮,使分界线位于十字线的中心,确保测量的准确性。读取目镜视场下方显示的示值,即为被测样品的折射率。

通过上述步骤,ATC手持阿贝折射仪可以准确地测定固形物的折射率,从而获取其光学性能、纯度和浓度等信息。

④物性指标[Stiffness/Hardness(g)硬度]

随机取3颗草莓,用波通质构仪对其进行硬度测定。

教师引导:波通质构仪(TVT物性分析仪)用于测定固形物硬度的原理是基于力学原理,通过施加力或变形到样品上,并测量样品的应力-应变关系来评估其流变性质和力学性能。

测定固形物硬度的步骤:将待测的固形物样品研磨成粉末或切成薄片,确保其表面平整。打开波通质构仪,根据样品的特性选择合适的探头形状和大小,如圆盘、圆柱、单刀探头等。一般常用的参数设定如下:探头运行速度设定为 $1—5\ mm \cdot s^{-1}$,要求测定的速度和测定后的速度始终保持一致,触发力为5 g,相邻两次压缩的时间间隔为1—5 s,压缩程度为30%—75%,压缩距离在测试过程中视样品情况而定。

学生操作测量过程:

将样品放置在质构仪的测试台上,确保样品表面平整且无气泡。启动质构仪,探头以设定的速度下降,压缩样品到某一设定目标后立即返回。通过传感器实时传输数据,由软件记录力—位移、力—时间或位移—时间曲线图。通过分析曲线图,可以进一步评估样品的其他力学性能,如弹性、内聚性、回复性等。

5 数据处理和分析

教师鼓励学生把测定结果及方差分析利用 Excel 软件进行数据处理及绘图,显著性水平设置为 0.05。

5.1 草莓贮藏过程中的维生素 C 含量变化

表 1 草莓贮藏过程中的维生素 C 含量变化

中药涂膜液浓度	实验组				对照组	
	白鲜皮		黄芪		试验前	试验后
	试验前	试验后	试验前	试验后		
5%	143.426	80.23	140.019	77.02	141.2	67.46
10%	146.533	89.72	143.169	86.59		
15%	148.867	103.043	147.123	91.17		

(注:以上数据为维生素 C 含量,单位是 mg/100 g。)

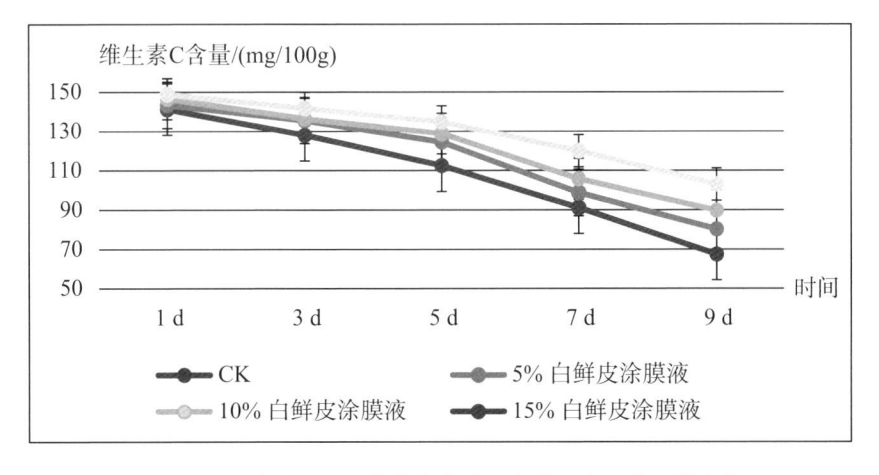

图 1 白鲜皮涂膜液组草莓贮藏过程中维生素 C 含量的变化

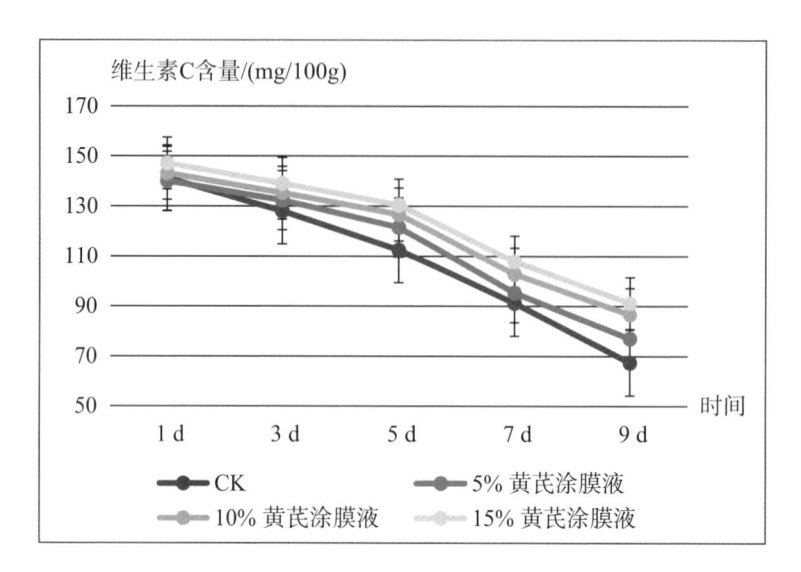

图2 黄芪涂膜液组草莓贮藏过程中维生素C含量的变化

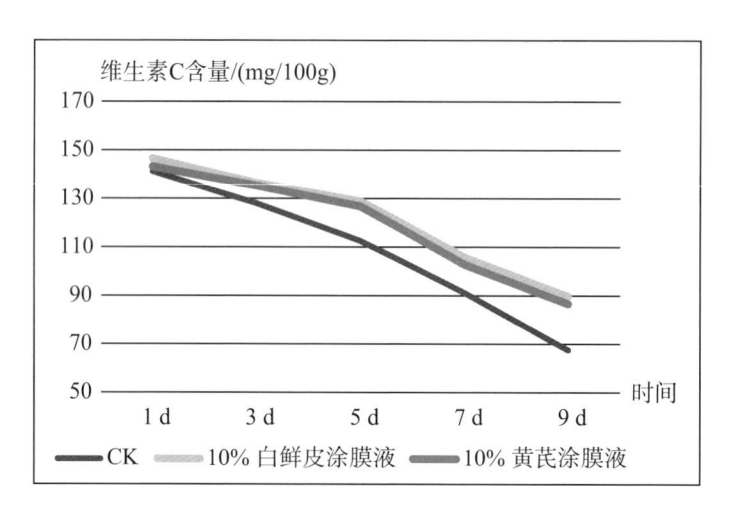

图3 相同浓度不同种类涂膜液对草莓维生素C含量变化的影响

由图1、图2可知,草莓贮藏的时间越久,草莓的空白对照组(CK,用去离子水浸泡)和试验组中维生素C的含量都减少。数据还表明,在最初的3d内,草莓试验组和对照组的维生素C含量有所下降;从5d开始,对照组CK的维生素C含量一直保持较快的下降速度,这是因为草莓果实的腐烂导致维生素C被氧气不断地消耗。而经过不同浓度白鲜皮涂膜液和黄芪涂膜液处理过的实验组下降的速度相对都较为缓慢，所有实验组中15％的白鲜皮涂膜液保鲜效果最为显著，在第9d维生素C含量相较最初下降了30.78％，是维生素C含量减少最小的实验组。由图3及所列数据可知，相同浓度下白鲜皮涂膜液的保鲜效果优于黄芪涂膜液。由此可见，白鲜皮涂膜液和黄芪涂膜液都在一定程度上可以延缓草莓中维生素C的减少，从而起到保鲜作用。

5.2 草莓贮藏过程中可滴定酸(TA)含量变化

贮藏9d时，5％、10％、15％涂膜液组的可滴定酸含量如表2所示。

表2 可滴定酸含量测定数据

中药涂膜液浓度	实验组	
	白鲜皮	黄芪
	可滴定酸	可滴定酸
5％	0.57％	0.56％
10％	0.63％	0.62％
15％	0.67％	0.68％

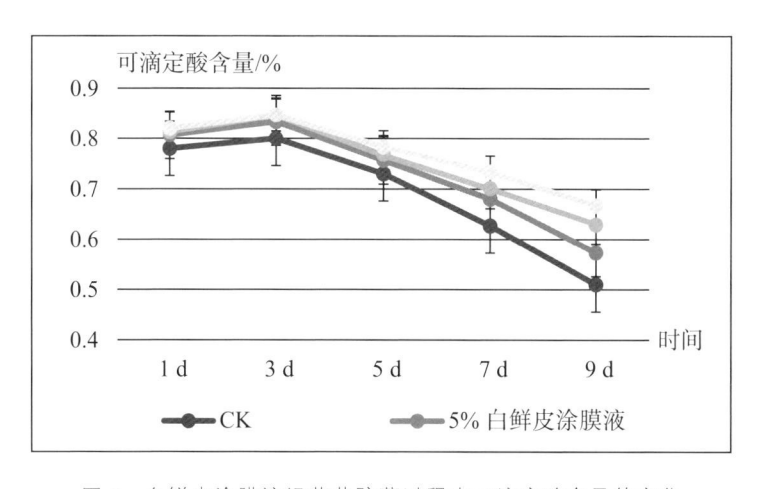

图4 白鲜皮涂膜液组草莓贮藏过程中可滴定酸含量的变化

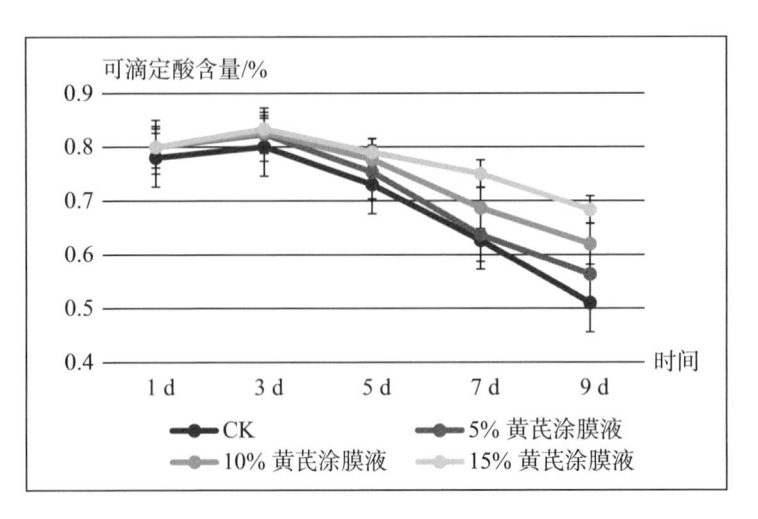

图 5　黄芪涂膜液组草莓贮藏过程中可滴定酸含量的变化

如图 4、图 5 所示,在不同贮存时间下,草莓中可滴定酸的含量在短期内先增大,而后下降,且不再上升。由此可知,草莓贮藏时间的长短对草莓中可滴定酸的含量存在较大的影响。实验发现,未经任何处理的草莓,即空白对照组草莓,其可滴定酸含量减少的速度最快,而其他不同浓度的实验组的可滴定酸含量变化趋势相近,均较对照组下降慢。贮藏至第 7 d 和 9 d 时,实验组草莓果实中可滴定酸含量明显高于对照组,同浓度黄芪涂膜液与白鲜皮涂膜液的效果相差不大。由此可见,白鲜皮涂膜液与黄芪涂膜液均有利于延缓草莓果实中可滴定酸含量的下降,维持水果的风味。

5.3　草莓贮藏过程中可溶性固形物含量变化

贮藏 9 d 时,5％、10％、15％白鲜皮涂膜液组的可溶性固形物含量如表 3 所示。

表3 白鲜皮涂膜液可溶性固形物含量测定数据

实验组		对照组
中药涂膜液浓度	白鲜皮 可溶性固形物含量	可溶性固形物含量
5%	10.41%	10.09%
10%	10.50%	
15%	10.61%	

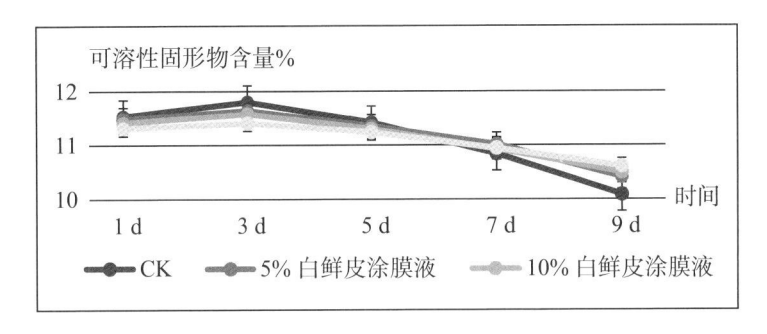

图6 白鲜皮涂膜液组草莓贮藏过程中可溶性固形物含量的变化

从图6中可以看出,在购买当天,所有供试组草莓的可溶性固形物含量无显著差异,说明挑选样本为成熟度一致的草莓。随着贮藏期的延长,所有供试组草莓的可溶性固形物含量都是呈先少量升高后持续降低的变化趋势,说明草莓在采摘后继续成熟,果实内可溶性糖的含量还在逐渐升高,直到完全成熟时停止,随后由于草莓的呼吸作用和蒸腾作用,使可溶性固形物的含量降低。在贮藏期间,可溶性固形物含量最高的为15%白鲜皮涂膜液组,最低的为对照组(CK),两者之间具有显著性差异。贮藏时间为9d时,白鲜皮涂膜液组的可溶性固形物含量与未经处理的空白对照组的相比,存在较大差异,经过处理的草莓的可溶性固形物含量较高。由此可见,相对于对照组,白鲜皮实验组可以有效维持草莓的可溶性固形物的含量,减小其损失速率。

贮藏3d、9d时,5%、10%、15%黄芪涂膜液组的可溶性固形物含量如表 4 所示。

表 4 黄芪涂膜液组的可溶性固形物含量测定数据

中药涂膜液浓度	贮藏 3d 实验组	贮藏 3d 对照组	贮藏 9d 实验组	贮藏 9d 对照组
5%	10.59%	11.80%	11.47%	10.09%
10%	10.52%		11.27%	
15%	10.46%		11.07%	

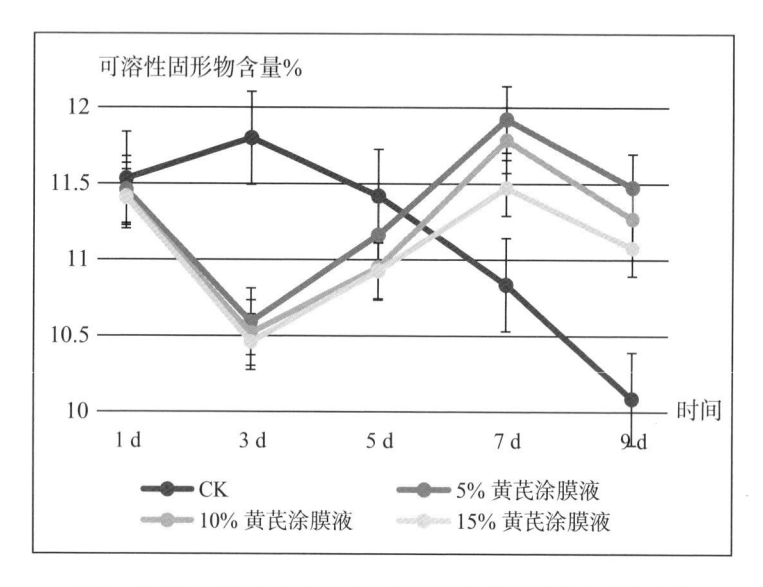

图 7 黄芪涂膜液组草莓贮藏过程中可溶性固形物含量的变化

从图 7 中可以看出,黄芪涂膜液组草莓的可溶性固形物含量均呈现出了先降低后升高的反常趋势。在贮藏期间,实验组中 5% 黄芪涂膜液组的可溶性固形物含量保持最高,最低的是 15% 黄芪涂膜液组,两者之间具有显著差异。贮藏 3d、9d 时,黄芪涂膜液组的可溶性固形物含量显著高于对照组,也均高于白鲜皮涂膜液组。

猜想由于黄芪中具有较高含量的多糖与黄芪皂苷,贮藏过程中草莓中的糖与黄芪提取物中的多糖同时消耗,使贮藏初期可溶性固形物含量检测结果显著下降。而贮藏中期,黄芪提取物中少量酶的催化合成反应加快,如环阿屯烷型三萜糖基转移酶 AmGT8,其催化环黄芪醇的 3-OH 及 2-OH 发生连续两步的糖基化反应,生成相应的双糖产物。黄芪涂膜液对于草莓中可溶性固形物含量的影响机理值得进行进一步研究。

5.4 草莓贮藏过程中物性(硬度)变化

实验组和对照组的草莓果实硬度降低为原来硬度的百分比情况如表 5 所示。

表 5 草莓果实硬度降低百分比情况

中药涂膜液浓度	白鲜皮 实验组	黄芪 实验组	对照组
5%	30.06%	30.41%	40.48%
10%	26.94%	28.62%	
15%	23.55%	21.89%	

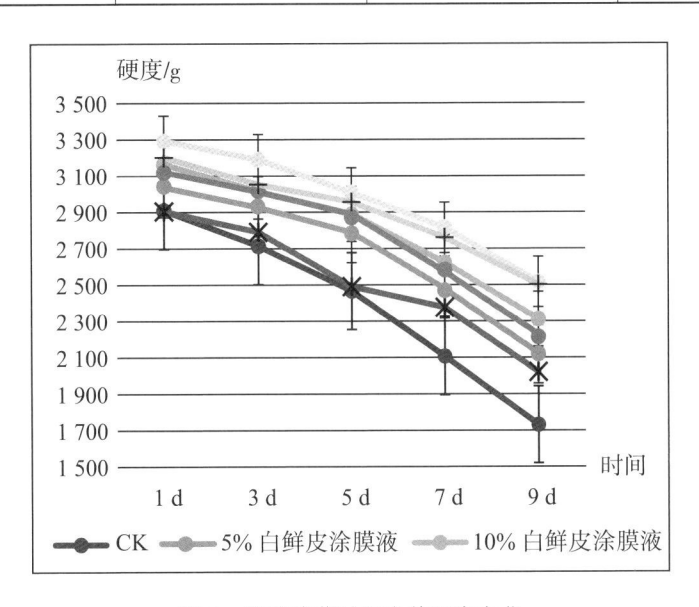

图 8 草莓贮藏过程中的硬度变化

如图 8 所示,随着贮藏天数的变长,草莓果实的硬度均呈现出了下降的趋势。与未经处理的空白对照组相比,试验组草莓果实的硬度相对较高。但随着贮藏时间的变长,尤其到中后期阶段,果实硬度的差异更加明显。贮藏结束时(9d),5%、10%、15%白鲜皮涂膜液处理组草莓果实的硬度分别为 2123.2 g、2311.73 g、2517.17 g,5%、10%、15%黄芪涂膜液处理组草莓果实的硬度分别为 2020.83 g、2227.68 g、2501.5 g,均显著高于对照组草莓果实硬度 1731.02 g,这表明白鲜皮涂膜液与黄芪涂膜液处理果实有利于维持果实的硬度。由图 8 中相同浓度下不同中草药涂膜液数据折线对比可知,同浓度的白鲜皮涂膜液维持草莓硬度效果略好于黄芪涂膜液。

6 研究结论总结

教师鼓励学生如实呈现实验数据,对实验异常数据敢于提出质疑。

研究草莓在 4 ℃贮存条件下贮藏过程中营养、功能组分的变化以及果实结构的动态变化,发现:

1) 随贮藏时间的延长,涂膜液处理组和对照组草莓的维生素 C 含量均下降。6 种不同浓度的中草药涂膜液处理组草莓的维生素 C 含量降低的程度均低于对照组,浓度为 15%的白鲜皮和黄芪涂膜液处理组草莓的维生素 C 含量降低得最少,同浓度白鲜皮涂膜液处理组草莓的维生素 C 含量的下降速率慢于黄芪涂膜液处理组。

2) 在不同贮存时间下,草莓中可滴定酸的含量,在短期内先增大,而后下降,且不再上升,由此可知,草莓贮藏时间的长短对草莓中可滴定酸的含量存在较大的影响。实验组草莓果实中可滴定酸含量明显高于对照组,贮藏 9d 时,15%黄芪涂膜液组草莓的可滴定酸含量最高,为 0.68%。两种中草药涂膜液处理组中浓度为 15%的涂膜液对可滴定酸含量的保持作用均最显著,同浓度不同组别之间效果相差不大。

3) 随着贮藏期的延长,所有供试组草莓的可溶性固形物含量都是呈先少量升高后持续降低的变化趋势,在贮藏期间,可溶性固形物含量最高的为15%白鲜皮涂膜液组,为10.61%。且无论是可溶性固形物含量的增加或减少,15%白鲜皮涂膜液组的变化都更为平缓。而黄芪涂膜液处理组草莓的可溶性固形物含量都呈先下降再回升后缓慢下降的趋势,在贮藏期间,可溶性固形物含量最高的为5%黄芪涂膜液组,为11.47%。

4)随着贮藏天数的变长,草莓果实的硬度都呈现出了下降的趋势。但随着贮藏时间的变长,尤其到中后期阶段,果实硬度的差异更加明显。当贮藏结束时(9d),15%白鲜皮涂膜液处理组草莓果实的硬度最大,为2517.17 g,仅降低了23.55%,且两种中草药涂膜液处理组中浓度为15%的涂膜液对应的草莓果实的硬度均最大。同浓度的白鲜皮涂膜液处理组草莓的最终硬度均高于黄芪涂膜液处理组。

7 报告撰写,成果交流

在师生讨论和交流之后,通过多维度的思考碰撞、获取的实验数据、使用的研究方法、查阅的相关资料,总结研究成果和观点。在总结提炼的过程中,学生获得新思路,提高创新思维。

根据本研究的中草药涂膜处理的草莓果实在整个贮存期所测得的各项指标,发现15%白鲜皮涂膜处理的草莓果实品质最好。相同浓度的白鲜皮涂膜液的保鲜效果整体优于黄芪涂膜液。

8 未来研究方向引导

草莓在贮藏期间的品质变化机理十分复杂,除了发生的化学、物理变化和各组分之间的相互作用,还有贮藏环境中湿度、温度等多种因素的相互影响。由于实验环境、研究时间等因素的限制,部分研究有待将来进一步深入探讨,如:"涂膜的草莓在贮藏期内与物性相关的其他关键指标(如Springiness弹性、Resilience回复性、Cohesiveness粘聚性)的变化是怎样的?""不同的低温环境对涂膜的草莓影响是怎样的?""黄芪多糖、黄芪皂苷等对草莓可溶性固形物的异常影响背后的机理是怎样的?"

(参与学生:袁泽宸)

实践5:草鸡蛋与洋鸡蛋的蛋白质含量测定

1 课题的选择与确定

鸡蛋是人们摄取蛋白质的一个重要来源。市场上草鸡蛋和洋鸡蛋的价格存在显著差异,草鸡蛋售价较高而洋鸡蛋售价较低。学生们由此产生疑问:其营养价值是否真如价格所示存在明显不同?教师肯定了学生们善于观察生活现象并积极思考的态度,引导他们深入探讨这一问题的研究价值。教师指出,鸡蛋作为重要的食品,其营养价值备受关注,蛋白质又是衡量鸡蛋营养价值的关键指标之一,探究草鸡蛋与洋鸡蛋蛋白质含量差异具有实际意义,能够为消费者提供科学的选购依据,有助于人们合理饮食。在教师的启发下,学生们决定将研究方向聚焦于草鸡蛋与洋鸡蛋蛋白质含量的比较,并确定了本研究课题。

2 问题引导

2.1 提出启发性问题

教师为引导学生深入思考,提出一系列启发性问题,如"蛋白质含量是衡量鸡蛋营养价值的唯一标准吗?""不同养殖环境和饲料会如何影响鸡蛋蛋白质的形成?""除了价格和蛋白质含量,还有哪些因素可能影响消费者对鸡蛋的选择?"这些问题促使学生们从多个角度思考鸡蛋营养价值相关问题,拓宽了学生们的研究思路,同时也培养了学生们分析问题的能力。学生们在教师的引导下,积极讨论并尝试回答这些问题,进一步明确了研究的方向和重点。

2.2 鼓励学生提问

教师营造宽松的学习氛围,鼓励学生们大胆提出自己的疑问和想法。在讨论鸡蛋营养价值的过程中,学生们提出了许多问题,如"如何确保实验中鸡蛋样本的代表性?""双缩脲法测定蛋白质含量的误差范围是多少?""除了双缩脲法和凯氏定氮法,还有没有其他新的蛋白质测定方法？"教师对学生们的提问给予了充分肯定,并引导他们通过查阅资料、小组讨论等方式寻找答案。对于一些较难的问题,教师则与学生共同探讨,适当提供思路和方法,激发学生的创新思维和探索精神。

3 背景知识传授与研究意义的阐述

3.1 背景知识传授

学生们在研究初期,对蛋白质测定方法及相关理论知识了解有限。教师向学生们传授了相关背景知识——蛋白质在生物体中的重要作用,以及其含量测定在食品科学、营养学等领域的关键意义。同时,详细介绍了常见的蛋白质测定方法,包括凯氏定氮法、等电点沉淀法、紫外吸收法、双缩脲法、考马斯亮蓝染色法等。在讲解过程中,教师不仅阐述了每种方法的原理,还分析了其优缺点,如凯氏定氮法的准确性高但操作复杂且危险,紫外吸收法操作简单但对样品有要求且准确度低等。通过教师的系统讲解,学生们对蛋白质的生物作用、意义及测定方法有了全面的认识,为后续选择合适的测定方法奠定了基础。

3.2 研究意义的阐述

教师强调本研究不仅能够帮助消费者科学选择鸡蛋,还能让学生们在实践中掌握科学研究方法,提高实验技能和数据分析能力。教师以实际生活中的食品安全事件为例,说明准确测定食品营养成分的重要性,使学生们更加明确本研究的社会价值和科学意义,进一步增强了他们对研究的责任感和使命感。

3.3 知识更新引导

教师引导学生们关注科学研究的最新动态,在教学过程中提及蛋白质测定领域可能存在一些新兴技术或改进方法。例如,随着科技发展,可能会出现更加简便、快速且准确的测定仪器或试剂。教师鼓励学生们在研究过程中保持敏锐的观察力,及时了解相关领域的新进展,以便对研究方法进行优化或拓展。

4 实验指导

4.1 优化实验设计

方法选择与改进：

学生们在确定测定方法时遇到困难，教师指导他们对比不同蛋白质测定方法的优缺点。对于双缩脲法，教师帮助学生们分析其灵敏度较低的原因，并引导他们思考如何在实验中优化操作以提高准确性。例如，教师建议学生们在实验前更精确地估测样品蛋白含量，确保稀释至合适浓度范围（1—20 mg·mL^{-1}），以获得更准确的测定结果。同时，教师鼓励学生们尝试对实验步骤进行细微调整，如改变试剂添加顺序、优化反应时间和温度等，观察这些调整对实验结果的影响，培养学生们的创新思维和实践能力。

实验变量控制：

在设计实验时，教师引导学生们明确实验变量，如鸡蛋的种类（草鸡蛋和洋鸡蛋）为自变量，蛋白质含量为因变量，而其他因素如实验环境温度、试剂用量、操作手法等应作为控制变量保持一致。教师通过实际案例，向学生解释控制变量的重要性，若变量控制不当，可能导致实验结果不准确，无法得出可靠结论。学生们在教师的指导下，认真设计实验方案，确保实验的科学性和可靠性。

4.2 实验准备

材料与仪器准备：

教师指导学生们列出实验所需的材料和仪器清单，包括双缩脲试剂的配制原料（NaOH、CuSO$_4$等）、鸡蛋样品、紫外-可见分光光度计、电子天平、容量瓶、烧杯、玻璃棒等。教师提醒学生们在购买或准备材料和仪器时要注意试剂的纯度和仪器的精度，如选择合适规格的天平确保称量准确，使用经过校准的分光光度计保证测量的可靠性等。对于自制的双缩脲溶液，教师详细讲解了配制过程中的注意事项，如NaOH和CuSO$_4$的溶解顺序、溶液混合时的操作要点以及定容的准确性要求等,学生们在教师的指导下认真准备实验材料和仪器,确保实验顺利进行。

实验环境准备:

教师引导学生们考虑实验环境因素对实验结果的影响,如实验场所应保持清洁、干燥、温度适宜,避免强光直射和震动干扰。教师向学生们解释其原因——这些环境因素可能影响仪器的性能和化学反应的进行,从而影响实验数据的准确性。学生们根据教师的建议,选择合适的实验场地,并在实验前对环境进行检查和调整,创造良好的实验条件。

4.3 实验步骤

(1) 量取 15 mL 双缩脲溶液,倒入鸡蛋样品中。用玻璃棒搅拌均匀。

(2) 取混合溶液于比色皿中,在紫外-可见分光光度计 520—600 nm 处扫描。参数:中速扫描,零线校准。

(3) 在 0.002 峰标上取最大峰值作为实验数据。

(4) 重复(2)、(3)操作两次。

4.4 标准蛋白曲线绘制

(1) 取 4 g 牛血血清蛋白(纯度>98%)于烧杯中,加 46 g 水。静置至室温,得到 8% 标准蛋白溶液。

(2) 配制 6%、4%、2% 标准蛋白溶液。

(3) 再分别取 10 mL 8%、6%、4%、2% 标准蛋白溶液于烧杯中,各加入双缩脲溶液 10 mL。

(4) 取混合溶液于比色皿中,在紫外-可见分光光度计 520—600 nm 处扫描。参数:中速扫描,零线校准。

(5) 在 0.001 峰标上取最大峰值作为实验数据。

(6) 重复(4)、(5)操作两次。

(7) 在 TI 图形计算器上输入浓度百分值、最大峰标值点,线性回归。

5 数据分析与讨论引导

5.1 数据总结

学生们在教师的指导下,对实验数据进行整理和总结。教师引导学生们制作数据表格,清晰呈现草鸡蛋和洋鸡蛋不同样本在测量中的吸光度、计算得出的蛋白质含量百分比及平均值。通过数据表格,学生们能够直观地比较两种鸡蛋的蛋白质含量差异,发现洋鸡蛋的蛋白质含量平均值略高于草鸡蛋,这一结果与部分学生最初的预期不同。教师鼓励学生们对数据进行初步分析,思考数据背后可能隐藏的信息,如不同样本间的离散程度、数据的分布规律等,为后续深入讨论做好准备。

表 1 草鸡蛋蛋白质含量 平均值 3.14%

样本	1	2	3	4	5	6	7	8	9	10
Abs	0.484	0.236	0.279	0.729	0.626	0.391	0.817	0.762	0.477	0.477
蛋白质含量百分比/%	2.726	0.38	0.787	5.043	4.069	1.846	5.876	5.355	2.659	2.659

表 2 洋鸡蛋蛋白质含量 平均值 3.74%

样本	1	2	3	4	5	6	7	8	9	10
Abs	0.817	0.449	0.343	0.804	0.771	0.707	0.762	0.358	0.279	0.626
蛋白质含量百分比/%	5.876	2.395	1.392	5.753	5.441	4.836	5.356	1.534	0.787	4.069

表 3　蛋白质浓度与吸收峰的关系

蛋白质百分比浓度	Abs
2%	0.457
4%	0.581
6%	0.7875
8%	1.072

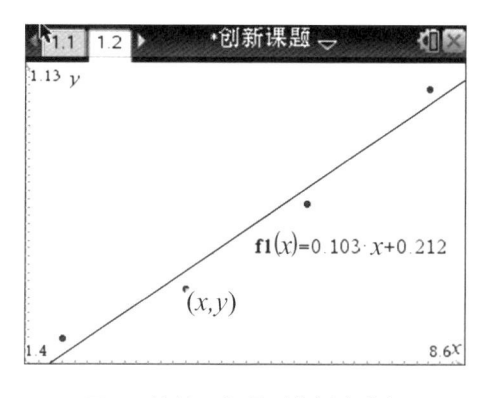

图 1　线性回归得到的拟合数据

5.2 误差分析

理论误差探讨：

教师引导学生们从理论层面分析实验中可能存在的误差来源，如朗伯比尔定律的适用条件在实际实验中可能无法完全满足，导致吸光度与浓度关系存在一定偏差。教师详细解释了该定律的假设条件，以及在实验操作中如何尽量接近这些条件，如保持溶液均匀、避免光散射等，但实际情况可能难以完全理想化，从而产生误差。学生们在教师的讲解下，理解了理论误差对实验结果的潜在影响，认识到在科学研究中需要考虑理论模型与实际情况的差异。

操作误差分析：

教师与学生们一起回顾实验操作过程，查找可能产生操作误差的环节。在溶液配制方面，如称量 $NaOH$、$CuSO_4$ 和牛血血清蛋白时天平的读数准确性,量取溶液体积时量具的精度及定容操作的准确性等,都可能导致溶液浓度偏差,进而影响实验结果。在使用仪器测量时,如分光光度计的波长准确性、比色皿的清洁程度和透光性、数据读取的误差等也会对结果产生影响。此外,实验过程中的温度控制、搅拌均匀程度等因素同样不容忽视。教师引导学生们分析每个操作步骤中的误差可能性,并思考如何改进操作以减少误差,培养学生们严谨的科学态度和实验技能。

误差对结果的影响评估:

教师帮助学生们评估误差对实验结果的影响程度。通过分析误差的大小和方向,判断其是否足以改变实验结论。例如,计算误差在最终蛋白质含量计算结果中的占比,分析判断该误差是否导致两种鸡蛋蛋白质含量的差异变得不显著或者产生误导性结论。教师引导学生们思考如何在后续实验中降低误差,提高结果的准确性,如增加样本数量、多次测量取平均值、改进实验操作技术等,使学生们掌握评估和控制实验误差的方法。

5.3 结果讨论

与猜想对比分析:

学生们最初猜想草鸡蛋的营养价值可能更高,因此蛋白质含量也会更高。教师引导学生们将实验结果与猜想进行对比分析,思考为什么实际结果与猜想不符。教师鼓励学生们从多个角度进行探讨,如养殖环境对鸡蛋蛋白质合成的影响可能不仅仅取决于是否为自然环境,还与饲料的营养成分、鸡的品种等因素有关;市场价格的差异可能受到其他因素影响,如消费者心理、营销策略等,而不一定完全反映营养价值。通过对比分析,学生们认识到科学研究需要基于客观事实和准确实验,不能仅凭主观臆断,培养学生们基于事实的批判性思维。

师生探讨进一步研究方向:

基于当前实验结果,教师引导学生思考未来进一步研究的方向。

教师提出可以从以下几个方面展开：一是优化实验方法，采用更精确的测定技术，如利用凯氏定氮法再次测定蛋白质含量，并与双缩脲法结果进行对比验证，提高实验数据的准确性和可靠性；二是拓展研究内容，测定两种鸡蛋中其他营养物质，如脂肪、维生素 A、铁离子、叶酸、钙离子等，进行更全面的营养价值比较，以更全面地评估草鸡蛋和洋鸡蛋的营养价值差异；三是深入探究影响鸡蛋蛋白质含量的因素，包括鸡的养殖环境、饲料配方、生长周期等，为提高鸡蛋营养价值提供科学依据。学生们在教师的引导下，积极思考并讨论未来研究方向，拓宽了研究视野，激发了进一步探索的兴趣。

6 研究结论总结

学生们在教师的指导下，对整个研究过程进行总结。教师帮助学生们梳理实验目的、方法、结果和分析讨论内容，引导学生们得出科学合理的研究结论。本研究通过双缩脲法测定草鸡蛋和洋鸡蛋的蛋白质含量，发现洋鸡蛋平均蛋白质含量略高于草鸡蛋，这表明在选择鸡蛋时，不能仅依据价格判断其营养价值，而应综合考虑多种因素。教师强调这一结论具有局限性，即鸡蛋的营养价值除了蛋白质含量这一指标，还包含其他众多营养成分。同时，教师引导学生们回顾研究过程中遇到的问题和解决问题的方法，总结经验教训，如实验方法的选择和优化、误差分析与控制、数据处理和结果解释等方面的经验，培养学生的科研素养和科学思维能力。

7 报告撰写，成果交流

7.1 报告撰写指导

教师指导学生们撰写研究报告，包括论文结构的搭建、内容的组织和语言的表达。在论文结构方面，教师建议按照引言、研究目的、实验方法、实验结果、数据分析与讨论、结论、展望等部分进行撰写，使论文层次清晰、逻辑严谨。在内容组织上，教师引导学生们详细描述实验过程和结果，准确解释数据分析和得出结论的过程，避免冗长和模糊的表述。对于语言表达,教师强调使用科学、准确、简洁的语言,避免口语化和随意性。教师还指导学生们正确引用参考文献,遵循学术规范,提高论文的学术水平。学生们根据教师的指导,认真撰写研究报告,不断修改完善,力求呈现高质量的研究成果。

7.2 成果交流与合作

教师鼓励学生们在班级或学术小组内分享研究成果,进行交流和讨论。在成果交流过程中,学生们依次展示自己的研究发现,回答其他同学的提问,同时也从其他同学的研究中获得启发和借鉴。教师组织学生们进行小组合作,共同探讨研究中遇到的问题和解决问题的方案,促进学生之间的思想碰撞和知识共享。通过成果交流与合作,学生们不仅提高了表达能力和沟通能力,还拓宽了研究思路,培养了团队合作精神。

7.3 资源共享与拓展

教师引导学生们共享研究过程中收集的资料、实验数据和研究经验,建立学习资源库。同时,教师鼓励学生们关注相关领域的学术会议、研究报告和最新文献,及时了解蛋白质测定和鸡蛋营养价值研究的前沿动态,将新的知识和方法融入后续研究中,不断拓展研究的深度和广度。

8 未来研究方向引导

基于本次研究,教师引导学生思考未来可深入探索的研究方向。一是进一步优化蛋白质测定方法,探索结合多种测定技术的优势,提高测定的准确性和灵敏度,例如研究如何将双缩脲法与其他新兴技术相结合,以克服各自的局限性;二是深入研究影响鸡蛋蛋白质含量的因素,包括鸡的品种、养殖环境(如光照、温度、湿度等)、饲料成分及其配比等,通过控制变量实验,建立蛋白质含量与这些因素之间的定量关系模型,为鸡蛋生产提供科学指导;三是开展大规模样本调查,收集不同地区、不同养殖方式下的草鸡蛋和洋鸡蛋样本,从多个营养成分比较的角度更全面地评估其营养价值差异,提高研究结果的代表性和普遍性；四是研究鸡蛋中蛋白质的质量差异,如氨基酸组成和比例、蛋白质的消化率和生物利用率等,从更深入的层面比较草鸡蛋和洋鸡蛋的营养价值。教师鼓励学生在未来的学习和研究中,继续保持科学探究精神,不断提升自己的科研能力,为相关领域的发展贡献力量。

实践6：利用紫外-可见分光光度计检测啤酒中的甲醛含量

1 课题的选择与确定

如今市面上关于啤酒健康度的争论也是众说纷纭。有人认为大部分厂家在啤酒生产中的防腐环节添加甲醛（第一类致癌物质），也有人坚称啤酒中的甲醛是自然代谢所产生的，但始终未有定论。

在啤酒产业发展日益成熟的当下，消费者对啤酒品质的要求不断提高，而啤酒质量检测作为保障其品质的重要环节，亟须更高效、准确的方法。传统的检测方法往往耗时长、步骤繁琐，难以满足快速筛查的需求。因此，探索一种创新的啤酒质量检测方法，具有重要的现实意义和应用价值。本课题旨在通过研究，为啤酒质量检测提供一种新思路，提高检测效率和准确性，同时培养学生的创新思维和实践能力。

基于以上叙述，该课题确定为"利用紫外-可见分光光度计检测啤酒中的甲醛含量"。

2 问题引导

2.1 提出启发性问题

在实验过程中，教师可提出一系列启发性问题，引导学生们深入思考。例如："啤酒中的甲醛含量如何影响其品质？""不同品牌啤酒的甲醛含量会有差异吗？""如何通过工作曲线快速辨别啤酒的甲醛含量是否超标？"这些问题能够激发学生们的思考，培养学生们分析问题和解决问题的能力。

2.2 鼓励学生提问

营造宽松的实验氛围，鼓励学生们提出自己的疑问和想法。无论问题大小或是否合理，教师都应给予积极的回应和引导。学生们在实验中发现某些啤酒样品显色异常，教师引导学生们思考可能的原因，鼓励学生们通过查阅资料、进一步控制实验条件等方式来探究真相,培养学生们的质疑精神和创新思维。

3 背景知识传授与研究意义的阐述

啤酒中甲醛含量的检测和分析需要学生们具备一定的化学知识,如紫外-可见分光光度计的原理与操作、化学反应原理等。通过传授这些背景知识,学生们能够更好地理解实验过程,更有利于创新思维的培养。同时,了解工作曲线法在定量检测中的应用,也有助于学生们从不同角度思考问题,培养他们的创新思维能力。

教师引导学生们学习既有的甲醛检测法:

①显色法:利用甲醛与乙酰丙酮显色剂反应生成黄色化合物,在特定波长下测定其吸光度[①],根据标准曲线计算甲醛含量。此方法灵敏度高,适用范围广,但需要专门的紫外-可见分光光度计。

②气相色谱-质谱联用(GC-MS),对啤酒中的多种化学成分进行定性和定量分析。

表 1 两种实验方法的比较

实验方法	优势	劣势
紫外-可见分光光度法	灵敏度高,适应范围广	需要专门仪器,只能检测单一成分
GC-MS	准确度高,可检测多种成分	操作复杂,成本较高

4 实验指导

4.1 优化实验设计

教师引导学生们对传统的实验方案进行改进和优化。例如,在构建工作曲线时,让学生们思考如何提高工作曲线的准确性,鼓励学生们尝试使用不同的扫描波长范围或改进样品处理方法,通过对比不同方案的实验结果,培养学生们的创新思维和实践能力。

---

① 柯乐芹,陈景荣,吴学谦,等.干制和贮藏方法对香菇甲醛含量的影响研究[J].中国食用菌,2008(3):53—54,56.

教师引导学生们进行跨学科实验,结合物理、生物等其他学科知识设计实验。例如,设计一个利用化学反应原理和物理光学原理来优化"啤酒 ID 图谱"检测的实验,涉及化学中的显色反应、物理中的光谱分析和生物中关于啤酒酿造的相关知识。通过跨学科实验,拓宽学生们的知识视野,培养学生们从不同角度思考问题和解决问题的创新思维能力。

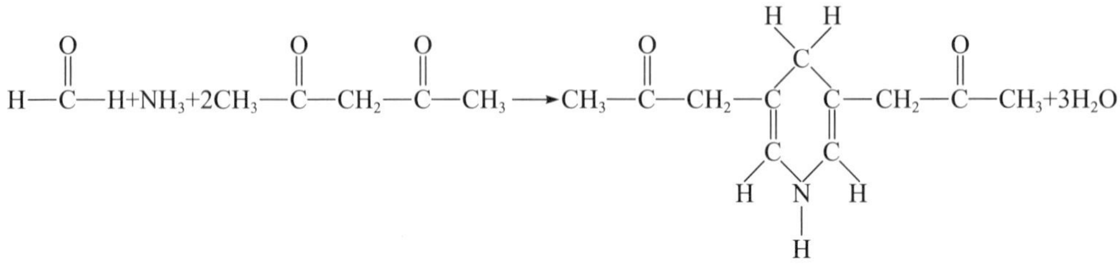

$$H-\overset{O}{\overset{\|}{C}}-H + NH_3 + 2CH_3-\overset{O}{\overset{\|}{C}}-CH_2-\overset{O}{\overset{\|}{C}}-CH_3 \longrightarrow CH_3-\overset{O}{\overset{\|}{C}}-CH_2-\overset{H}{\overset{|}{\underset{NH}{C}}}\overset{H}{\underset{|}{C}}-CH_2-\overset{O}{\overset{\|}{C}}-CH_3 + 3H_2O$$

图 1　乙酰丙酮与甲醛显色反应的方程式

4.2 实验准备

购买实验必要装置和材料,如表 2。

表 2　实验必要装置和材料

实验器材和原材料	数量	来源
Agilent Cary 60 紫外-可见分光光度计	1 台	购买
乙酰丙酮显色剂	若干	自制
甲醛标准溶液	若干	自制
不同品牌啤酒样品	若干	市场采购
比色皿、试管等耗材	若干	购买

4.3 实验步骤

实验装置搭建:安装并调试紫外-可见分光光度计,确保其正常工作。

配制标准浓度的甲醛溶液,显色后在紫外-可见分光光度计的 Scan 模式下进行扫描,找到最大吸收峰的波长 414.0 nm。

在 414.0 nm 处测不同浓度甲醛溶液的吸光度数值,绘制工作曲线。

测试样品准备:采集不同品牌啤酒样品,去除泡沫并进行适当处理。

甲醛含量测定:取适量啤酒样品,加入乙酰丙酮显色剂,加热显色后测定吸光度,根据标准曲线计算甲醛含量。

记录测试结果和环境情况:详细记录实验数据、环境温度、湿度等信息,以便后续分析。

实验器材清洗整理:实验结束后,清洗并整理实验器材,保持实验室整洁。

具体过程如下:

乙酰丙酮显色剂:称取 62.50 g 醋酸铵,加蒸馏水溶解并转移至 250 mL 容量瓶中,继续加入冰醋酸 7.50 mL 及乙酰丙酮 1.00 mL,加水定容至 250 mL,转移至棕色瓶中储存。

甲醛标准溶液:取 7.00 mL 37% 甲醛溶液,加入 1 mol·L^{-1} 硫酸溶液 0.5 mL,稀释至 250 mL 溶液。吸取 10.00 mL 稀释后的溶液,加入 100 mL 容量瓶中,加水定容。

甲醛使用溶液:由于低浓度的甲醛使用溶液不易于保存,因而在绘制标准曲线前,再次将甲醛标准溶液稀释 10 倍配制成甲醛使用溶液。

分别取 0 mL、0.05 mL、0.10 mL、0.20 mL、0.30 mL、0.40 mL、0.50 mL 甲醛使用溶液,各加入乙酰丙酮溶液 3.00 mL,水浴保温 30 分钟,温度保持在 60 ℃。冷却至室温后,以相同体积加热后的乙酰丙酮溶液为参比,于波长 414.0 nm 处测定吸光度。以甲醛加入量为横坐标,溶液的吸光度值为纵坐标,绘制标准曲线,计算出线性回归方程。

分别取除气后的待测啤酒原液 5 mL,各加入 3 mL 乙酰丙酮显色剂溶液混匀,一组保温后测得吸光度为 A_1,另一组直接测得吸光度为 A_2,样品的吸光度 $A=A_1-A_2$。

以空白样本(加热后的乙酰丙酮显色剂)为对照,将经过上述处理的样品在紫外-可见分光光度计的 Concentration 模式下于波长 414.0 nm 处进行检测,得到如下数据(表3)与图像(图2、图3)。

表3 六份样品相对应的吸光度数值

甲醛溶液加入量/mL	0	0.1	0.2	0.3	0.4	0.5
吸光度/Abs	0	0.7760	1.3185	2.1064	2.7920	3.1794

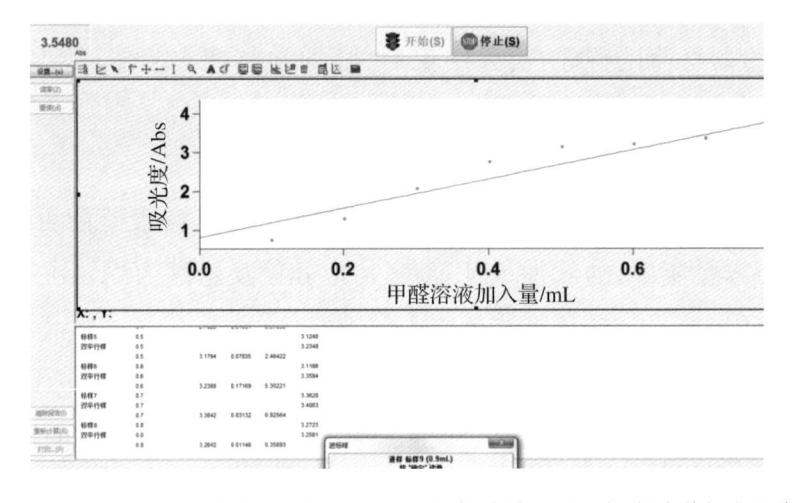

图2 紫外-可见分光光度计数据处理系统自动(线性不过原点)拟合的标准曲线

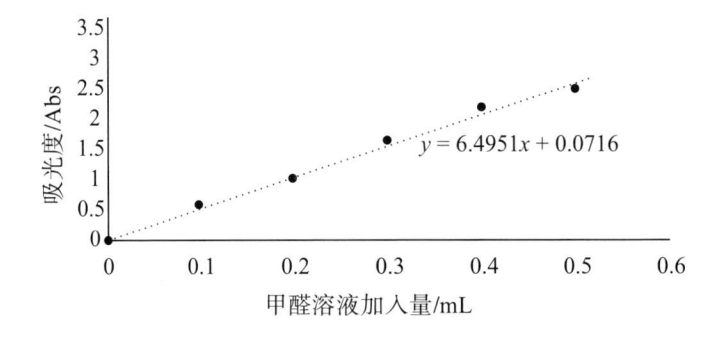

图3 由甲醛溶液加入量绘制的标准曲线图(线性过原点)

经计算,甲醛使用溶液的物质的量浓度为 3.8×10^{-3} mol·L^{-1},甲

醛的相对分子质量为 30.03,则样品中的甲醛含量为:
$$m = c \cdot M \cdot V \times 10^{-3} = 0.114114 \cdot V \text{ mg}$$

因此根据样品中甲醛的含量绘制如下标准曲线(图 4)。

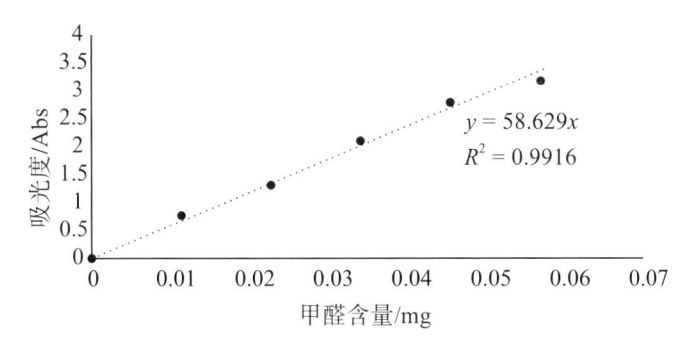

图 4 由溶液中甲醛含量绘制的标准曲线图(线性过原点)

以市面上常见的 8 种品牌的啤酒为样品,对其进行一定的处理(详见 4.3 实验步骤)后,以空白样本(未加入啤酒的乙酰丙酮显色剂)为对照,在紫外-可见分光光度计的 Simple 模式下于波长 414.0 nm 处进行检测,并参考线性方程 $A = 58.629m$,得到如下数据(表 4)。

表 4 各啤酒样品的吸光度数值与甲醛浓度

编号	品牌	吸光度 A_1/Abs	吸光度 A_2/Abs	$A_1 - A_2$ /Abs	甲醛含量 m/mg	甲醛浓度 W/(mg·L^{-1})
A	雪花	0.0299	0.0187	0.0112	0.0002	0.0382
B	三得利	0.0623	0.0496	0.0127	0.0002	0.0433
C	百威	0.0847	0.0305	0.0542	0.0009	0.1849
D	哈尔滨	0.0903	0.0424	0.0479	0.0008	0.1634
E	朝日	0.0745	0.074	0.0005	0.0000	0.0017
F	青岛	0.0697	0.0553	0.0144	0.0002	0.0491
G	喜力	0.1430	0.1098	0.0332	0.0006	0.1133
H	蓝带	0.4245	0.4197	0.0048	0.0001	0.0164

(注:上表得出的数据不代表该品牌下所有啤酒的情况。)

5 数据分析与讨论引导

数据处理能力的提升是实验研究的重要环节。教师引导学生们对实验数据进行分析和讨论,帮助他们理解数据背后的意义。通过数据分析,学生可以发现啤酒中甲醛含量的特点,他们得出如下结论:

"我国啤酒的甲醛含量最低标准为 2 mg·L^{-1} 以下,其中绿色啤酒的标准为 0.2 mg·L^{-1} 以下。检测结果显示,样品中所有的啤酒均符合绿色啤酒的标准。其中朝日啤酒中的甲醛浓度比其他品牌低至少一个数量级。"

通过查阅资料,学生发现朝日啤酒属于生啤分类,其余七种皆为熟啤。由此引发推测,是否由于生啤、熟啤的制作工艺不同,导致了甲醛含量的明显区别。教师引导学生们了解到生啤、熟啤的原料虽相同,但在制作工艺上,生啤采用低温过滤杀菌技术,而熟啤采用传统的高温杀菌技术。是否是高温加热促进了某些反应,提高了甲醛含量?日后教师将继续带领学生们对此猜想进行探究。

通过对这八种啤酒的比对,不难看出,啤酒中确实含有一部分甲醛,但含量极少,有很大可能是在生产过程中自然代谢产生的,对人体健康也无较大影响,符合国家食品安全标准,"我国95%啤酒采用甲醛作为防腐剂"等说法基本可以被认为不可信。

6 实验方法迭代

学生们需要具备质疑精神,对现有的检测方法和观念提出疑问。教师引导他们发现实验环境可以进一步优化,针对误差控制他们做了如下改进:

样本的质量保证:为保证实验中样品的普遍性,他们用两瓶同一品牌不同批次的啤酒进行相同操作的实验,得到的数值在误差允许范围内。

实验环境条件与样本的变化:为避免实验环境条件与样本自身发

生变化,实验中控制所有样品敞口放置相同的时间后再进行检测,即保证从开盖到取样加入试管的时间相等,减小各个啤酒样本之间因敞口放置而发生氧化的程度及其他变化带来的误差。

定量分析的过程:实验中改用密封摇瓶法,确保分光光度计的透射光路中没有气泡。另外增加了平行测定次数,以减小实验过程中的随机误差。每次定量测量之前也都会进行仪器校准,以减小检测中的系统误差。通过查阅文献,学生们发现大部分方法对于气泡的处理为超声仪除气。然而受限于设备场地限制,学生们在实验过程中采用的是密封摇瓶法,虽然肉眼观察可确定在分光光度计的透射光路上没有气泡阻碍,但超声仪与摇瓶法是否能达到同样令人满意的效果,始终是一个需要验证的重要影响因素。学生们希望能在后续实验中继续发挥主观能动性,尽量排除这一影响。

7 报告撰写,成果交流

在研究过程中,学生们能够与相关专家、教师展开合作交流,分享个人的研究成果与观点。学生们得以获取更为丰富的实验数据、研究方法以及参考资料,这些资源有利于学生们更出色地完成研究任务,从多个角度剖析实验结果,促进创新思维的实现。学生们依据实验结果,提出了啤酒质量检测的改进建议:

建立更全面的啤酒数据库,涵盖不同品牌、不同酿造工艺的啤酒,为检测提供更丰富的参考。

加强对啤酒酿造工艺的研究,从而更好地控制啤酒质量。

8 未来研究方向引导

通过本次研究,学生们不仅能够掌握比色法,还能够培养批判性思维和创新思维能力。未来,学生们可以继续深入研究,如不同酿造原料对啤酒甲醛含量的影响、啤酒中其他成分对啤酒风味的影响等,为啤酒质量检测和酿造工艺研究做出更大的贡献。

实践7：纳米二氧化钛在自清洁领域的创新应用

1 课题的选择与确定

在当今时代，纳米科技蓬勃发展，其成果逐渐渗透到我们生活的各个角落，纳米材料的应用也成为备受瞩目的焦点领域。这不仅深刻改变了人们的生活模式，更是一个国家科技实力的重要体现。然而，在纳米科技从理论走向实际应用的道路上，仍横亘着诸多难题等待攻克，这无疑吸引着众多科学家和研究者的目光。在此背景下，教师引导学生们关注到纳米二氧化钛这一具有巨大潜力的纳米材料。教师向学生们介绍纳米二氧化钛的独特性质，以及其在化妆品、功能纤维、塑料、涂料、油漆等多个领域的广泛应用前景，如在高档汽车面漆中展现出的随角异色效应，这极大地激发了学生们的好奇心和探索欲望。学生们在教师的启发下，确定以纳米二氧化钛为切入点，开展对其性质和应用的探究，旨在深入挖掘纳米二氧化钛在自清洁领域的潜力，为解决实际问题贡献力量，同时培养自身的创新能力和科学素养，向拔尖创新人才的方向发展。

2 背景知识传授与研究意义阐述

首先，教师系统地向学生们传授纳米二氧化钛的相关背景知识，包括其物理和化学性质，详细讲解其在各个领域应用的原理，如在不同材料中如何发挥作用提升产品性能等。同时，教师会引入纳米科技领域前沿研究成果和实际应用案例，如最新的纳米材料制备技术突破、纳米二氧化钛在新型环保涂料中的创新应用等，拓宽学生们的知识视野，使他们了解到该领域的最新动态。其次，教师还引导学生们思考纳米二氧化钛在自清洁领域应用研究的重要意义，如在环保、能源节约等方面的潜在价值，让学生们明白这项研究不仅有助于推动纳米科技的发展，还对解决社会实际问题具有重要意义。通过这样的背景知识传授，为学生们后续的实验研究筑牢理论根基,激发他们的创新思维,使他们能够站在更高的起点上思考问题,为培养拔尖创新人才奠定知识基础。

3 实验指导

3.1 优化实验设计

制备纳米二氧化钛薄膜。教师指导学生采用溶胶凝胶法制备纳米二氧化钛薄膜。在实验开始前,教师详细讲解溶胶凝胶法的原理和操作要点,如溶液配制过程中试剂的选择、用量及添加顺序的重要性,搅拌速度和时间对溶胶稳定性的影响等。在具体操作时,教师亲自示范在强烈搅拌下将试剂四丁氧基钛溶于 CH_3CH_2OH 中制备溶液 A 的过程,以及准确量取 CH_3CH_2OH、加入适量水并用 100% 的 CH_3COOH 调节 pH 得到溶液 B 的操作,强调 pH 调节的准确性对后续反应的关键作用。在将 B 缓慢滴入 A 的过程中,教师提醒学生们注意滴加速度和搅拌的均匀性,持续搅拌 2 h 以确保得到稳定的浅黄色溶胶。在薄膜制备阶段,教师指导学生们正确使用自动拉膜机器,讲解如何控制液面下降速度(拉膜速度约为 1.5 mm·s^{-1})来保证薄膜厚度均匀,以及玻片浸润时间、静置时间等操作细节对薄膜质量的影响。教师鼓励学生们在操作过程中思考如何优化这些步骤以提高薄膜质量,培养学生们的创新实践能力。

分析纳米二氧化钛薄膜。教师引导学生们从外观、透明度和透过率等方面对制备的薄膜进行全面分析。在外观分析时,教师与学生们一起观察薄膜的表面状况,针对薄膜存在的轻微彩虹效应,教师启发学生们思考可能的原因,如玻璃片的清洁程度、反应溶液的均匀性等,并引导学生们设计对比实验来验证自己的想法。在透明度分析中,教师指导学生们使用专业仪器测量透光率,并让学生们记录数据进行分析。对于透过率分析,教师带领学生们使用紫外-可见分光光度计对甲基橙溶液在不同条件下的吸收光谱进行测定,指导学生们正确操作仪器、设置测量参数以及记录和处理数据。当发现溶液吸收峰移动现象时,教师引导学生们探讨这种现象与纳米二氧化钛薄膜性质及光催化反应的内在联系,鼓励学生们提出改进薄膜制备方法以减少彩虹现象、提高光催化性能的创新思路,锻炼学生们的分析问题和解决问题的能力。

探究共轭有机分子对纳米二氧化钛光催化性能的影响。教师根据Woodward规则向学生介绍共轭化合物对吸收光波长的影响原理,引导学生思考如何利用这一原理提高纳米二氧化钛对可见光的吸收能力。酚酞在不同酸碱性条件下的产物是否就是所要的共轭化合物也请说明,且未体现酸性条件下的实验。在实验设计阶段,教师指导学生们设计五组对比实验(A组为甲基橙原溶液,B组为纯氢氧化钠和酚酞混合液,C组为纳米二氧化钛与少量氢氧化钠混合液,D组为纳米二氧化钛与大量氢氧化钠混合液),明确每组实验的目的和变量控制方法。在实验过程中,教师监督学生准确配制混合物、用乙醇稀释至等体积并正确静置处理。在数据分析阶段,教师引导学生们对比不同组别的实验数据,如吸收光波长的变化,分析纳米二氧化钛与共轭化合物混合后的效果,探讨实验结果与理论规则的一致性及差异原因。当发现氢氧化钠对有机物分解能力强,且掩盖纳米二氧化钛光催化效果时,教师鼓励学生们思考如何在后续实验中避免这种干扰;而对于当发现通过强氧化剂改变共轭体系双键数量的方法不可行时,教师引导学生们从原理上深入理解并寻找其他可行的方法,培养学生们的批判性思维和创新思维,使学生们在面对实验问题时能够提出新的解决方案,逐步向拔尖创新人才迈进。

研究共轭聚合物对纳米二氧化钛光催化性能的影响。教师引导学生们思考如何进一步提高纳米二氧化钛的光催化性能,启发学生们从共轭聚合物的角度进行探索。教师与学生们一起查阅大量文献资料,经过深入讨论后选定聚炔烃有机化合物和聚苯胺进行实验。在实验前,教师指导学生们探究这些物质与纳米二氧化钛在甲苯和氯仿中的溶解性,引导学生们分析溶解性对实验结果的影响。在确定将聚苯胺和二氧化钛的混合物分散在甲苯中拉膜后,教师详细讲解拉膜实验的步骤及注意事项,确保学生能够顺利完成操作。在对甲苯-聚苯胺膜进行外观测试和分解有机物能力测定时,教师指导学生们正确观察薄膜外观、使用相关仪器进行测定,并对实验数据进行分析。当发现吸收光波峰移动不明显时,教师引导学生们从多个方面分析原因,如甲基红溶液浓度、体系稳定性、溶剂影响等,鼓励学生们提出改进实验的创新想法,如寻找更合适的溶剂或采用化学手段提高体系稳定性,培养学生们在实验研究中勇于探索、善于创新的精神。

3.2 实验准备

教师指导学生列出实验所需的详细装置和材料清单,包括制备纳米二氧化钛薄膜所需的化学试剂(如 CH_3CH_2OH、CH_3COOH 等)、自动拉膜机器、玻璃片、用于薄膜处理的乙醇、超声波清洗机等设备,以及用于研究共轭体系影响的酚酞、氢氧化钠、甲基橙、聚炔烃、聚苯胺、甲苯、氯仿等试剂,还有用于测定吸收光谱的紫外-可见分光光度计等仪器。教师引导学生们思考如何选择合适的实验材料和设备,以及如何确保实验材料的质量和纯度对实验结果的影响,培养学生们严谨的科学态度和实验规划能力。

3.3 实验步骤

制备纳米二氧化钛薄膜。在整个制备过程中,教师密切关注学生们的操作,及时纠正不规范的动作,确保学生们严格按照溶胶凝胶法的操作步骤进行。溶液配制开始时,教师监督学生们准确量取试剂、控制搅拌速度和时间,到拉膜过程中,教师指导学生们正确调整拉膜速度、掌握玻片浸润和静置时间,在最后的薄膜晾干和高温处理过程中,教师也给予了学生们细致的指导,保证学生们能够成功制备出均匀、稳定的纳米二氧化钛薄膜,同时培养学生们的实验操作技能和耐心细致的科学精神。

分析薄膜性能。教师引导学生们按照预定的分析方法,从外观、透明度和透过率等方面对薄膜进行系统分析。在外观观察中，教师指导学生们从不同角度观察薄膜，记录薄膜的颜色、光泽和均匀性等特征，并引导学生们思考这些特征与薄膜性能的关系。在透明度测量和透过率测定过程中，教师帮助学生们正确操作仪器，确保测量数据的准确性。教师鼓励学生们在分析数据时积极思考，发现问题并尝试提出解决方案，如针对薄膜彩虹效应提出改进清洗方法或优化制备工艺的建议，培养学生们的观察力、分析能力和创新思维。

研究共轭体系影响。在进行共轭有机分子和共轭聚合物对纳米二氧化钛光催化性能影响的实验时，教师指导学生们严格按照实验设计进行操作。在共轭有机分子实验中，教师确保学生们准确配制不同组别的混合物，正确进行静置处理，并在测定过程中指导学生们正确使用紫外-可见分光光度计进行紫外光和可见光条件下的测定，记录和分析数据。在共轭聚合物实验中，教师引导学生们完成溶解性探究后，按照规范步骤进行拉膜操作，在薄膜分解有机物能力测定过程中，指导学生们完成溶液配置、薄膜浸入、光照处理和吸收光谱测定等一系列步骤，确保实验结果的可靠性。教师在实验过程中不断鼓励学生们思考实验现象背后的原理，如纳米二氧化钛与共轭化合物之间的相互作用机制，以及如何通过改变实验条件来提高光催化性能。以此来激发学生们的创新思维，为培养拔尖创新人才提供实践机会。

4 数据分析与讨论引导

教师在数据分析与讨论环节扮演着引导者和启发者的角色。在学生们完成各项实验数据的收集后，教师组织学生们进行小组讨论，引导学生们对数据进行整理和分类，如将纳米二氧化钛薄膜的外观、透明度、透过率等数据分别汇总，将共轭体系影响实验中不同组别的吸收光波长数据进行对比等。教师引导学生们运用所学知识对数据进行深入分析，例如在纳米二氧化钛薄膜透过率分析中，教师启发学生们思考溶液吸收峰移动与薄膜微观结构、成分以及光催化反应过程的内在联系，鼓励学生们从化学原理、物理性质等多方面进行解释。在共轭体系影响研究中，教师引导学生们通过对比不同组别的数据，分析纳米二氧化钛与共轭化合物混合后吸收光波长变化的规律，探讨实验结果与Woodward规则等理论的一致性及差异原因，如为何加入不同量氢氧化钠会导致吸收波的特定变化。教师鼓励学生们提出自己的观点和疑问，在小组内展开热烈讨论，当学生们遇到困难时，教师给予适当的提示和引导，帮助学生们突破思维瓶颈。通过这样的数据分析与讨论过程，培养学生们的逻辑思维能力、数据分析能力和科学探究精神，使学生们能够从数据中发现规律和问题，如薄膜制备中影响彩虹现象的关键因素、不同共轭体系对光催化性能影响的本质差异等。进而提出具有创新性的改进措施和进一步的研究方向，为学生们成为拔尖创新性人才积累研究经验和提升思维方式。

5 研究结论总结

在研究结论总结阶段，教师注重培养学生们的质疑精神和批判性思维，这是拔尖创新人才必备的素养。教师引导学生们回顾整个实验过程，对实验现象和结果进行全面反思。例如，在薄膜制备中出现彩虹现象时，教师鼓励学生们质疑现有制备方法的合理性，思考是否存在其他更优化的制备途径，引导学生们从原料选择、操作步骤、环境条件等方面寻找可能的改进方向；在共轭体系影响研究中，对于实验结果不理想的部分，如强氧化剂使用未能达到预期效果、某些混合物体系不稳定等情况，教师引导学生们深入分析原因，思考现有实验设计和操作方法的不足之处，如强氧化剂对体系的干扰机制、混合物不相容的化学本质等。通过这样的引导，学生们能够发现现有研究中的问题和不足，从而为创新思维提供方向。教师鼓励学生基于对实验的反思，提出大胆的假设和创新的解决方案，如探索新的共轭体系、改进实验条件以提高纳米二氧化钛在自清洁领域的应用性能等，培养学生们在科学研究中敢于突破传统、勇于创新的精神，逐步塑造学生们成为具有独立思考能力和创新能力的拔尖创新性人才。

6 报告撰写与成果交流

教师积极组织学生们进行报告撰写和成果交流活动，为学生们提供广阔的合作与交流平台。在报告撰写过程中，教师指导学生们如何清晰、准确地阐述实验目的、方法、结果和结论，强调科学报告的规范性和逻辑性。教师引导学生们将实验过程中的创新点和发现的问题进行重点突出，培养学生们的科学表达能力。在成果交流环节，教师鼓励学生们以小组为单位进行展示和分享，组织学生之间、师生之间以及学生与其他专家的交流互动。教师引导学生们倾听他人的意见和建议，从不同视角审视自己的研究成果，例如在讨论薄膜彩虹现象和共轭体系实验问题时，鼓励学生们积极吸收其他同学或专家提出的新观点和新思路，如从材料表面化学、物理结构优化等角度思考薄膜质量改进方法。教师还组织学生进行资源共享，如实验数据、参考资料、研究心得等，使学生能够获取更丰富的信息，拓宽研究视野。通过这样的合作与交流过程，学生们不仅能够完善自己的研究成果，还能学习到不同的思维方式和研究方法，激发创新灵感，提升创新思维能力，为今后在科研领域成为拔尖创新性人才积累宝贵的交流合作经验。

7 未来研究方向引导

基于本次研究，教师引导学生们思考未来的研究方向，着眼于培养学生们的长远科研视野和创新探索能力，为学生们成长为拔尖创新性人才指明方向。教师首先鼓励学生们在优化薄膜制备方面继续深入探索，引导学生们思考如何寻找更理想的共轭体系及其良溶剂，以制备出性能更加优异的自清洁薄膜。教师启发学生们从材料科学、化学工程等多学科交叉的角度出发，研究纳米二氧化钛与不同共轭体系之间的相互作用机制，通过理论计算、模拟仿真等手段预测和优化薄膜性能，如提高光催化效率、增强薄膜稳定性等，培养学生们的跨学科研究能力和创新思维。在拓展实验条件方面，教师引导学生们思考如何改变光照条件,如增加光照强度、调整光照波长范围、模拟不同环境光照条件等。同时教师引导学生们思考如何设计并开展更全面的实验研究,收集更多紫外条件下的数据,深入了解纳米二氧化钛在不同光照环境下的光催化性能变化规律,为其在实际应用中的环境适应性提供更坚实的理论依据,以此来锻炼学生们的实验设计和创新实践能力。对于探索实际应用领域,教师引导学生们关注纳米二氧化钛自清洁膜在食品保鲜、环境保护、能源利用等实际领域的应用潜力,鼓励学生与相关领域的专业人士合作,开展跨领域研究项目。例如,在食品保鲜方面,引导学生们研究如何将纳米二氧化钛自清洁膜应用于食品包装材料,通过抑制微生物生长、分解有害气体等方式延长食品保质期,培养学生们解决实际问题的能力和创新应用能力,使学生们在未来的科研道路上能够将基础研究与实际应用紧密结合,成为具有社会责任感和创新能力的拔尖创新人才。

实践8：杜鹃吸收二氧化硫能力的研究

1 课题的选择与确定

在当今环境问题备受关注的背景下,二氧化硫污染已然成为一个不容忽视的严峻挑战。教师敏锐地引导学生们关注到这一现实问题,向学生们阐述二氧化硫作为大气主要污染物之一,其危害广泛而严重。从对人体健康的影响来看,二氧化硫可被吸入血液,破坏酶的活力,干扰碳水化合物及蛋白质代谢,损害肝脏,抑制机体免疫;在环境方面,它更是酸雨的重要源头,严重危及人类的健康与发展。同时,教师引入植物修复这一新兴环保技术概念,向学生们介绍园林植物在净化大气污染物方面的重要作用,指出不同植物因其生态功能差异而具有不同的环保功效。在此基础上,教师引导学生们思考如何研究植物对二氧化硫的净化能力,启发学生们从众多植物中选择具有代表性的研究对象。学生们在教师的指导下,经过充分讨论和调研,最终确定以中国南方典型酸性土指示植物杜鹃作为研究对象,旨在深入探究杜鹃吸收二氧化硫的能力,为解决二氧化硫污染问题提供科学依据,同时在研究过程中培养自身的创新思维和实践能力,向拔尖创新性人才的方向努力发展。

2 问题引导

2.1 提出启发性问题

在实验过程中,教师提出一系列启发性问题,引导学生们深入思考。例如:"二氧化硫进入杜鹃植株后会发生怎样的化学反应?""杜鹃吸收二氧化硫的过程与哪些植物生理结构和功能相关?""如何通过实验数据准确判断杜鹃吸收二氧化硫的效率?""环境因素(如温度、湿度等)会对杜鹃吸收二氧化硫的能力产生怎样的影响?"

2.2 鼓励学生提问

当学生们发现不同时间测量的 pH 波动较大时,教师引导学生们思考可能的原因,如实验装置的密封性、二氧化硫气体的通入稳定性、pH 计的准确性等,鼓励学生通过检查装置、重复测量、对比不同 pH 计的测量结果等方式来探究真相,培养学生们的质疑精神和创新思维。当学生们对杜鹃释放碱性气体的成分产生疑问时,教师鼓励学生们查阅相关资料,了解常见碱性气体的性质和检测方法,引导他们思考如何设计实验来检测可能的碱性气体成分,如是否可以利用特定的化学试剂与碱性气体反应产生明显的现象进行检测等,进一步激发学生们的探索欲望和创新能力。

3 背景知识传授与研究意义阐述

教师在这一环节发挥着关键的知识传递和思维启发作用。首先,教师系统地讲解二氧化硫的危害,不仅涵盖其对人体健康的直接毒害作用,如详细解释二氧化硫进入人体后如何影响生理机能,还深入分析其对生态环境造成破坏的化学机制,像酸雨形成过程中二氧化硫所起的关键作用以及酸雨对不同生态要素的侵蚀原理等。同时,教师详细介绍大气污染与植树造林之间的紧密联系,深入阐述植物修复技术的原理和应用前景,使学生们明白利用植物净化大气污染物是一种可持续且具有巨大潜力的环保策略。在涉及实验相关的化学知识时,如二氧化硫含量测定方法中涉及的化学反应原理、仪器设备的工作原理等,教师进行深入浅出的讲解,确保学生具备开展实验研究的理论基础。通过这样全面而深入的背景知识传授,教师引导学生们从多个角度思考杜鹃吸收二氧化硫能力研究的重要意义,如为生态环境保护提供新的解决方案、推动植物修复技术的发展等,激发学生们的创新热情和社会责任感,为后续的实验研究和创新思维培养奠定坚实的基础。

4 实验指导

4.1 大棚的搭建与简要介绍

图 1 内有杜鹃的实验棚(70 cm×100 cm)

图 2 内无杜鹃的实验棚(70 cm×100 cm)

4.2 制备二氧化硫

实验器材：圆底烧瓶、分液漏斗、玻璃导管、双孔塞、集气瓶、烧杯、橡胶管、夹子、气袋

试剂：固体亚硫酸钠、浓硫酸、氢氧化钠、品红溶液

4.3 二氧化硫的吸收

通过 pH 计算出吸收二氧化硫的多少。可逆反应通过平衡常数即可估算出植物吸收二氧化硫的多少。（在其他条件相同的情况下，可逆反应通过平衡常数 K 和溶液的 pH 推算出的[H^+]，可以推算出二氧化硫含量的变化。）

$pH=-\lg[H^+]$，$c(亚硫酸)=[H^+]^2/K_a$（K_a 为亚硫酸一级电离的电离常数）

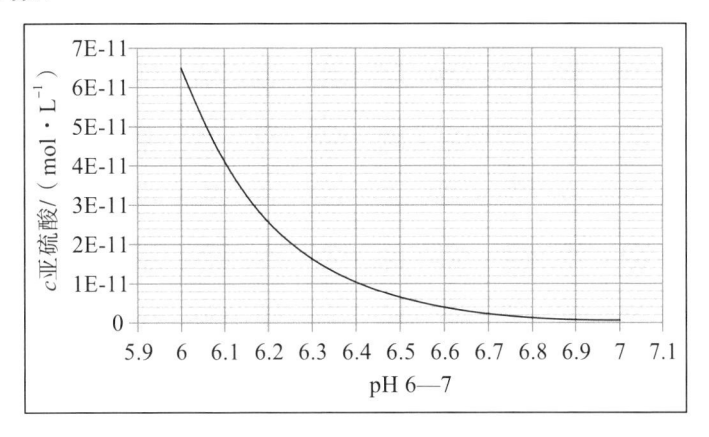

图 3 pH＝6—7 与亚硫酸浓度的关系

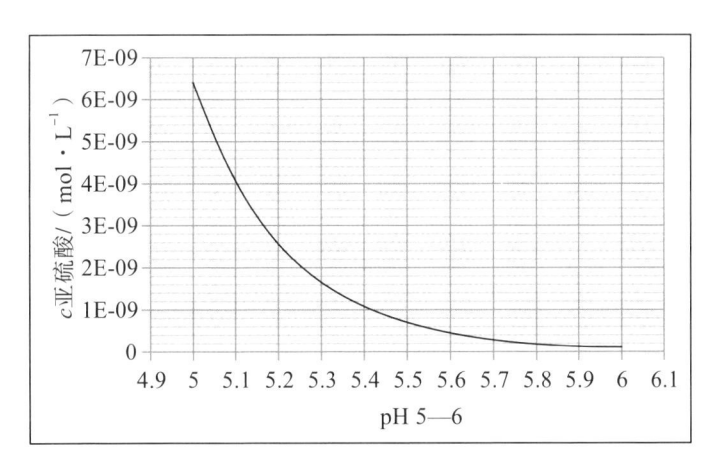

图 4 pH＝5—6 与亚硫酸浓度的关系

实验步骤如下：

1）将 pH 计和装有 250 mL 蒸馏水的烧杯分别放入两个大棚中；

2）每个大棚中用针筒注入 10 mL 的 100% 的 SO_2，并记录初始 pH；

3）每隔一段时间（1 小时）测量烧杯中溶液的 pH；

4）重复操作多次实验，以减免系统误差，减小偶然误差。

4.4 实验数据
4.4.1 第一次实验(注入二氧化硫)

具体 pH 变化见表 1 至表 3，pH 随时间推移的变化趋势图见图 5。

表 1　第一次实验 pH 变化（17—25 ℃晴）

pH/时间	14:30	15:00	15:30	16:00	16:30
空(pH)	6.6	7.0	7.1	7.0	6.9
杜鹃(pH)	6.8	6.9	7.0	7.0	7.1

表 2　第一次实验 pH 变化（19—25 ℃多云转阴）

pH/时间	7:30	9:30	12:30	14:30
空(pH)	5.8	5.7	6.1	5.9
杜鹃(pH)	7.8	8.1	7.9	8.0

表 3　第一次实验 pH 变化（18—26 ℃多云）

pH/时间	7:30	9:30	12:30	14:30
空(pH)	7.1	6.8	10.1	6.9
杜鹃(pH)	12.1	7.1	14.9	16.2

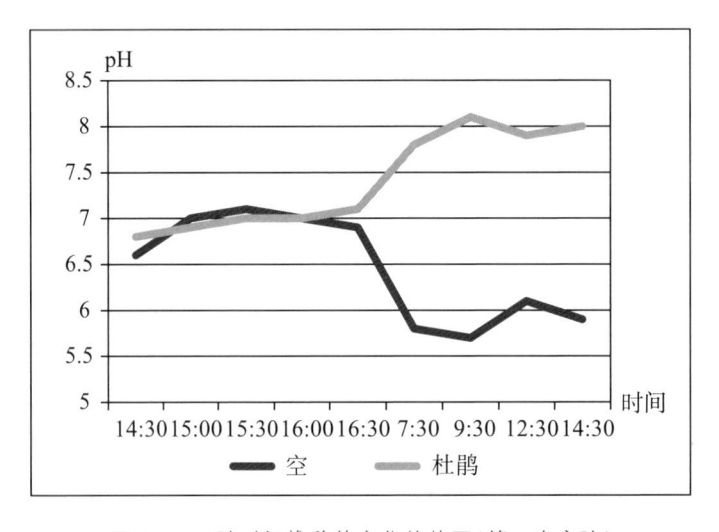

图 5　pH 随时间推移的变化趋势图（第一次实验）

4.4.2 第二次实验(没有注入二氧化硫)

具体 pH 变化见表 4,pH 随时间推移的变化趋势图见图 6。

表 4　第二次实验 pH 变化 (6/3,20—24 ℃阴;6/4,19—26 ℃多云转小雨)

pH/时间	12:30	13:30	14:30	15:30	16:30	(6/4)12:30
空(pH)	6.8	6.9	6.9	6.9	7.0	7.0
杜鹃(pH)	7.0	7.0	7.0	7.1	7.0	7.2

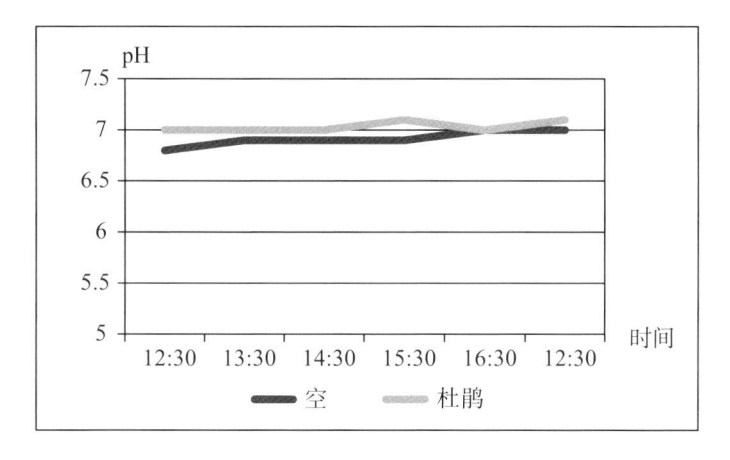

图 6　pH 随时间推移的变化趋势图(第二次实验)

4.4.3 第三次实验(注入二氧化硫)

具体 pH 变化见表 5 及表 6,pH 随时间推移的变化趋势图见图 7。

表 5　第三次实验 pH 变化(19—26 ℃多云转小雨)

pH/时间	12:30	13:30	14:30	15:30	16:30
空(pH)	6.9	6.9	6.9	7	7
杜鹃(pH)	6.9	6.8	6.8	6.9	7

表 6　第三次实验 pH 变化(20—28 ℃多云转晴)

pH/时间	7:30	9:30	12:30	14:30
空(pH)	7	7	7	7
杜鹃(pH)	7.2	7.2	7.2	7.3

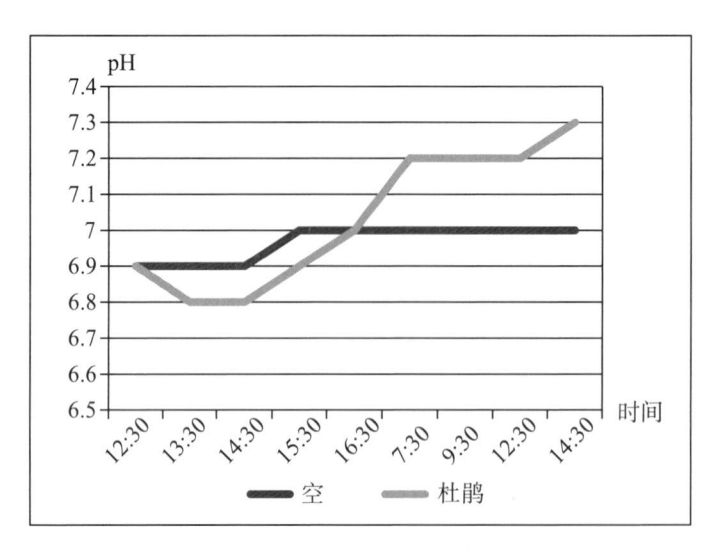

图7 pH随时间推移的变化趋势图(第三次实验)

4.5 数据分析与猜想

从表3中可看出,5月25日实验数据可能有误,后经校验发现所使用的pH计已损坏,所以舍去这组实验数据。(校验方法:用广泛pH试纸测出的结果与pH计测量的结果相差较大。)

第一次实验从5月21日16:30至5月22日7:30之间15个小时的数据,由于客观原因,无法记录,所以暂不清楚骤变的时间和规律。

从第一次两天的实验数据(图5、表2、表3)中,可见有杜鹃的棚中pH呈上升趋势,并偏碱性。空的大棚中pH呈下降趋势,并偏酸性。

从第二次实验数据(图6、表4)可以看出pH数据均无明显变化。

从第三次实验数据(图7、表5、表6)可以看出有杜鹃的棚中pH呈上升趋势,并偏碱性。空的大棚中pH变化不明显,呈中性。

第一次实验与第三次实验均为通有二氧化硫的对照实验,且变化趋势相同,数据上有所差异,可能是由于客观天气原因以及实验设备原因造成的系统误差,在实验可控范围内。

5 研究结论总结

在研究结论总结阶段,教师注重培养学生们的综合归纳能力和创新思维拓展。教师引导学生们回顾整个实验过程，从实验数据出发，总结杜鹃在不同实验条件下吸收二氧化硫的能力表现。例如，在未通入二氧化硫气体时，引导学生们观察两个大棚内水溶液 pH 变化的相似性，得出初步结论；在通入二氧化硫后，指导学生们对比有杜鹃和无杜鹃大棚内 pH 的显著差异，明确杜鹃具有吸收二氧化硫的能力，并能使环境偏碱性这一重要结论。教师进一步引导学生们思考实验过程中发现的问题和现象背后的深层次原因，如杜鹃释放碱性气体的成分和产生机制、杜鹃吸收二氧化硫的具体生理和化学过程等，鼓励学生们提出大胆的假设和创新的解释。针对这些假设，教师引导学生们设计进一步的实验验证方案，如通过化学分析方法检测可能的碱性气体成分、研究杜鹃细胞内与二氧化硫吸收相关的酶或物质等，培养学生的科学假设能力和创新实践能力。同时，教师鼓励学生将本研究成果与其他相关研究进行对比和联系，思考本研究在植物修复领域的地位和贡献，以及如何进一步拓展研究方向，如探索杜鹃与其他植物在吸收二氧化硫方面的协同作用等，激发学生们的科研创新意识，为学生们在科学研究道路上持续发展提供方向引导，助力学生们成长为具有创新能力和科研潜力的拔尖创新人才。

6 报告撰写与成果交流

教师引导学生们在引言部分清晰阐述研究背景和意义，强调二氧化硫污染问题的严重性以及杜鹃研究在解决该问题中的潜在价值，体现学生们对现实环境问题的关注和社会责任感。在实验方法部分，教师要求学生们详细描述实验设计、实验器材和试剂、实验步骤等内容，确保实验的可重复性，培养学生们严谨的科学态度和实验表述能力。在结果与讨论部分，教师指导学生们准确呈现实验数据，运用图表（如 pH 变化趋势图）直观展示数据规律，并深入分析数据背后的意义，鼓励学生们结合所学知识和实验观察提出合理的解释和假设，展示学生们的科学思维和创新见解。在结论部分，教师引导学生们简洁明了地总结研究成果，突出杜鹃吸收二氧化硫能力的关键发现。在展望部分，教师鼓励学生们基于研究过程中发现的问题和不足，提出未来的研究方向和改进措施，体现学生们的科研前瞻性和创新意识。在成果交流环节，教师组织学生们以小组或个人形式进行报告展示，邀请其他同学、老师和相关领域专家参与交流互动。教师引导学生们积极倾听他人的意见和建议，从不同视角审视自己的研究成果，例如在讨论杜鹃吸收二氧化硫机制和实验改进方法时，鼓励学生们吸收其他同学或专家提出的新观点和新思路，如从植物分子生物学角度深入研究杜鹃吸收二氧化硫的基因调控机制等。教师还应促进学生之间的资源共享，如实验数据、参考资料、研究心得等，拓宽学生们的研究视野，激发创新灵感。

实践9：多孔复合材料涂层及其保温隔热性能的研究

1 课题的选择与确定

为了实现"双碳"目标，我国大力倡导节能减排、绿色低碳，对建筑、工业设施的保温隔热措施提出了更高要求，促进了高性能新型保温隔热材料的研发。某同学对保温材料的性能和制作产生浓厚的兴趣。教师引导学生要创新制作保温隔热材料，首先要清楚保温材料的隔热原理，并且对现有的保温材料的类型、局限性进行全面的梳理，在此基础上才能展开研究。

经过研究发现，传统有机类或无机类保温隔热材料在实际应用中存在一定的局限性。有机保温材料（纤维素、聚苯乙烯、聚氨酯等）的导热系数虽低，但耐火性、耐久性较差；无机保温材料（矿棉、膨胀珍珠岩、耐火陶瓷等）虽有较好的耐高温性能和耐火性，但导热系数偏高、吸水性强，削弱了其保温性能。近年来，以空心玻璃微珠或者陶瓷微珠为主要填料的保温隔热涂料获得了实际应用，涂层厚度仅为数毫米时就能达到良好的保温效果，具有轻薄、高效、易施工等优点。

根据以上启发，本课题确定为"多孔复合材料涂层及其保温隔热性能的研究"。

2 问题引导

2.1 提出启发性问题

教师引导学生思考以下问题，"什么是多孔复合材料？""多孔保温复合材料的成分很多，本研究选择哪一种？"等，在这些启发性问题的引导下，学生做进一步的文献查询，进一步聚焦研究范围，明确自己的研究方向。通过师生的讨论，决定用二氧化硅纳米孔材料为主要的功能填料，以水性聚丙烯酸树脂为基体材料，配制保温隔热涂料，制备无机多孔材料/聚合物复合材料涂层，系统研究影响涂层保温隔热性能的因素。

2.2 鼓励学生提问

学生在进一步研究的过程中会自己提出疑问,比如"采用什么样的方式进行涂层？""通过哪些指标来评估其保温性能？""相同成分的多孔材料,还有哪些因素会影响其保温隔热性能呢？""多孔材料的孔隙率对其热导率是否会产生影响？""涂料中多孔材料的含量和涂层的厚度对其保温隔热性能是否也会产生影响？"等。

3 背景知识传授与研究意义的阐述

教师向学生传授阻热作用机理,要在减小涂层厚度的同时保持良好的保温性能,需要进一步降低材料的热导率。一般来说,固体比气体的热导率高。材料孔隙率越高、固体部分越少、气体部分越多,导热系数就越小。当材料的孔尺寸小于空气自由程(约 70 nm)时,就类似真空状态,孔内气体的热传导可以忽略。由此可见,孔隙率高且孔尺寸足够小的多孔材料,具有超低的热导率,能实现优异的保温隔热效果,达到绝热甚至超级绝热性能。因此,多孔材料特别是纳米孔材料在保温领域的应用成为近年来的研究热点。

4 实验部分

教师引导学生实验前先对传统和新型保温材料的微观结构进行学习与探究,具体分析了新型保温材料具有优势的原因。经过学习,学生对两种材料均有了进一步认识,并且学习了热常数表征方法,为后续的实验做准备。教师引导学生,在实验之前需要对实验做详细的计划,在做计划之前要充分查阅资料,思考实验中运用什么样的实验方法,需要测定哪些数据,以及一切可能出现的因素。学生只有制定详尽和完善的实验计划,才能根据计划准备好实验所需的仪器、药品,保证实验顺利进行。

4.1 保温隔热功能材料的选择

学生学习纳米材料形貌、粒径分布的测试表征方法,了解几种保温隔热功能材料的扫描电子显微镜 SEM 和激光粒度分布仪粒径分析结果,学习材料导热系数的测试方法,分析几种保温隔热粉体材料的热学性能与其微结构的关系。

介孔 SiO_2 是一种纳米孔材料,孔径介于 2—50 nm,孔隙率可达 90% 以上,孔道骨架有良好的热稳定性和机械强度,孔道结构规则而均匀,且孔道大小和孔壁厚度可调。与 SiO_2 气凝胶相比,介孔材料生产成本低,机械强度和热稳定性高,有着广阔应用前景。本课题选择 SBA - 15 为保温隔热功能填料,并选取 3M 公司的中空玻璃微珠作为性能对比材料。

4.2 保温隔热涂料的配制

教师引导:

学习保温涂料的基本组成,掌握涂料制备的基本工艺过程,开展保温涂料制备实验。在本研究过程中需要呈现学习结果,把保温材料的组成通过自己的学习提炼总结出来。本研究所需要的知识显然超出高中生现有的学习水平,需要适当降低实验难度,使其成为高中生力所能及的实验,成为高中生切实可实施的研究。当然,也可以借助大学实验室的仪器、药品等资源,学校会为学生提供资源保障。

学习保温涂料的基本组成:聚合物基底材料、保温隔热填料、其他功能添加剂(消泡剂、增稠剂、成膜助剂等)。根据设定的质量百分比称量水性丙烯酸树脂材料和保温隔热功能材料。

配制步骤:

①根据一定比例,称量聚合物树脂基底材料和保温隔热填料。

②将填料加入树脂基底材料中,用机械搅拌装置低速搅拌 15 分钟 (300 r/min),使其均匀分散。

③观察涂料黏度,若涂料黏度过高,可适量添加分散剂降低黏度;若涂料黏度过低,可适量添加增稠剂提高涂料黏度。

④依次添加消泡剂、成膜助剂等添加剂。

4.3 保温隔热涂层的制备

本实验采用基板为直径 10 cm 的不锈钢圆片。使用前用砂纸打磨，并用乙醇清洗表面。

利用线棒涂布器在不锈钢圆片表面刮涂制备涂层。一次刮涂获得的薄膜厚度有限，因此实验中需要反复多次进行刮涂以达到一定厚度。每次刮涂后都需要在烘箱中 80 ℃下烘烤 2 小时，确保薄膜干燥后再进行下一次刮涂。每次刮涂后用测厚仪测量基板上涂层的厚度，如未达到设定值，就继续刮涂。用此方法，可以获得膜厚可控的微米级保温隔热涂层。

实验中采用喷涂方法制备膜厚在数毫米的保温隔热涂层，并通过调整喷涂时间和喷涂量来控制涂层厚度。实验过程笔记如图 1：

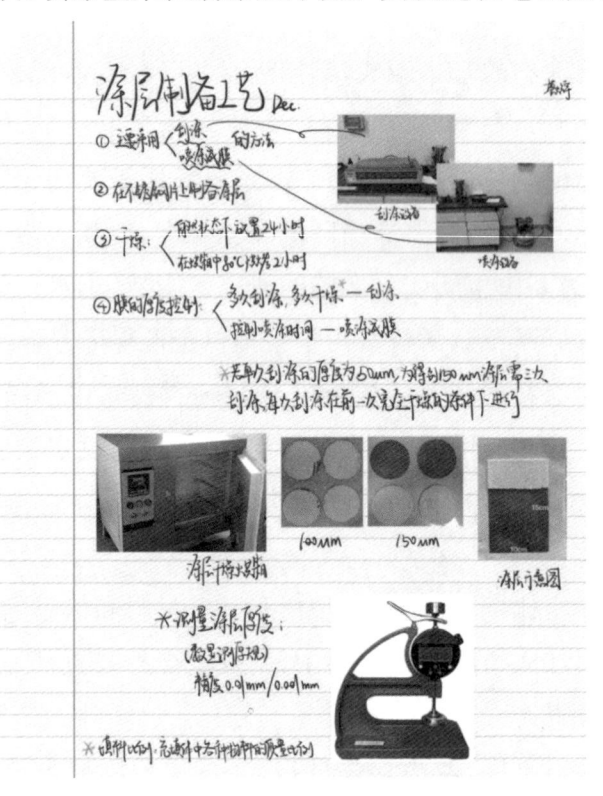

图 1　实验过程笔记

4.4 材料热导率的测试

使用 Hot Disk 公司的 TPS 2500S 热常数分析仪测试保温隔热功能粉末材料和涂层的热导率。测试粉末样品时，将样品振实填装在粉末样品池中，探头埋入其中；测试涂层样品时，探头夹在两片涂层中并被压实。每个样品平行测试三次，取平均值。

4.5 保温隔热性能测试

为了测试涂层的保温隔热性能，将空白不锈钢圆片基板和涂覆保温隔热材料的基板同时放置在加热至 100 ℃ 的热台上，等待 5 分钟达到热平衡后，用热电偶测温仪测量两片基板的表面温度，用温度差来表征涂层的保温隔热性能。

5 数据分析与讨论引导

5.1 保温隔热功能材料微观结构及其热导率

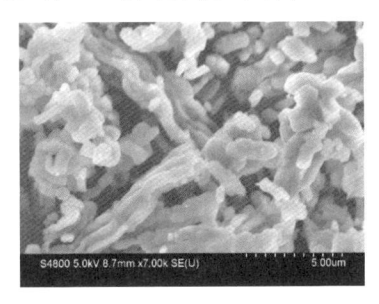

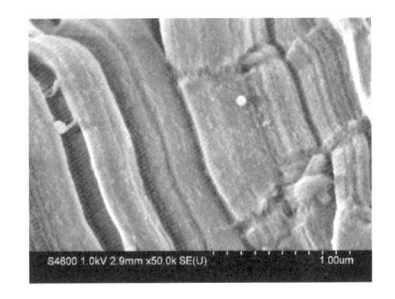

图 2　介孔 SiO_2 材料 SBA-15 扫描电子显微镜图(放大倍数：左 7000 倍；右 50000 倍)

本课题使用的介孔 SiO_2 材料 SBA-15 由复旦大学相关科研团队提供，扫描电子显微镜测试表明：SBA-15 呈尺寸在几微米的短棒状，这些短棒有的连接排列形成大小不一的麦穗状。在五万放大倍数下能观察到 SBA-15 有着二维通孔结构，孔道规整、孔径均一，孔径尺寸在几纳米。根据文献报道，这类材料的孔隙率在 90% 左右；其骨架是无定型 SiO_2，只占总体积的 10% 左右。

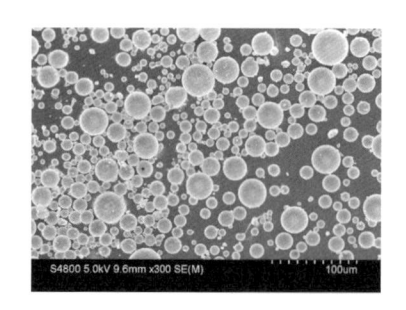

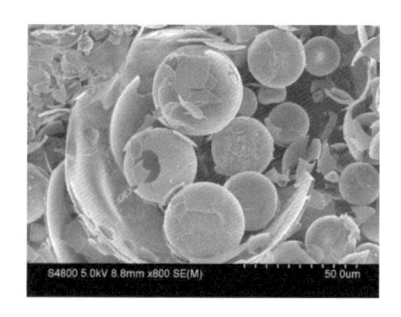

图3 3M公司中空玻璃微珠扫描电子显微镜图(放大倍数:左300倍;右800倍,压碎)

图3是作为对比材料的3M公司的中空玻璃微珠的微观形貌图,由图可见,其形貌为规整球形,直径在几微米至几十微米,经激光粒度分布仪测试表明平均粒径在20 μm左右。制样时轻压样品可以观察到壳层压碎后的形貌,壳层很薄,厚度在纳米级别,内部是空心结构,存在很大的空腔。

使用热常数分析仪测试常温20 ℃时上述两种保温隔热功能材料的热导率,结果见表1,表中也列出了文献中相应的固体材料和空气的热导率数据。SBA-15粉末的热导率为0.033 W/mK,3M中空玻璃微珠的热导率为0.049 W/mK,都远低于相应的固体热导率,并大于空气的热导率。与固体非晶SiO_2相比,SBA-15热导率大幅降低,这是由于SBA-15除了骨架部分的SiO_2,其内部还充满孔道结构、孔隙率高,有效限制了固体部分热量传递的路径。SBA-15的热导率比中空玻璃微珠的小,这说明与微米空腔相比,纳米孔结构更有效抑制了内部的空气热传导,进一步阻断了热量传递。这组对比显示了多孔材料应用于保温隔热领域的优势。

表1 各种材料的热导率(20 ℃时)

材料种类	非晶固体 SiO_2	硅酸钠玻璃	空气	SBA-15	中空玻璃微珠
热导率/(W/mK)	1.4	1.1	0.024	0.033	0.049

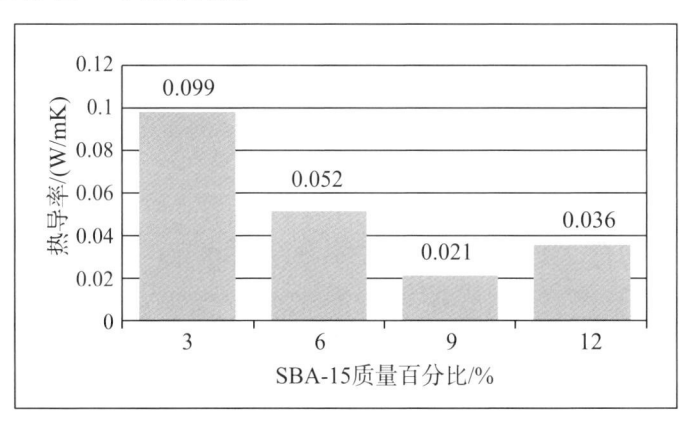

5.2 SBA-15含量对复合材料涂层热导率的影响

配制 SBA-15 质量百分比为 3%、6%、9%、12% 的 4 种涂料,制备厚度为 100 μm 的复合材料涂层,并测试涂层的热导率,结果见图 4。一般的丙烯酸树脂热导率在 0.2 W/mK 左右,随着 SBA-15 的加入,复合材料涂层的热导率大幅下降,含 3% SBA-15 时涂层热导率就下降到 0.099 W/mK。随着 SBA-15 含量增加,涂层热导率继续下降,在含量为 9% 时达到最低的 0.021 W/mK,小于空气的热导率,达到绝热材料的性能。

当 SBA-15 含量增大到 12% 时,热导率开始增大。这是由于当涂层中分布的多孔材料 SBA-15 开始增多时,涂层中起到隔热作用的孔隙增多,孔体积增大,热导率呈下降趋势;当 SBA-15 增多到一定程度,涂层中引入的多孔 SiO_2 骨架(固体非晶 SiO_2)对热导率的影响更加显著,并且 SBA-15 颗粒可能出现聚集,使复合材料涂层的热导率开始增大。因此,保温隔热复合材料涂层中功能填料的含量并不是越大越好,而是存在一个最优值。

图 4　SBA-15 含量对复合材料涂层热导率的影响

5.3 复合材料涂层厚度对保温隔热性能的影响

根据保温隔热机理,要降低热量损失,需要增加保温涂层的热阻,可以通过选用更低热导率的材料或者通过增加涂层厚度来实现。此实验中选用含 9% SBA-15 的低热导率复合材料,制备了厚度为 100 μm、500 μm、1 mm、2 mm、3 mm、4 mm 和 5 mm 的涂层,探究涂层厚度对其保温隔热性能的影响,以获得达到实际应用效果的保温隔热涂层样品。

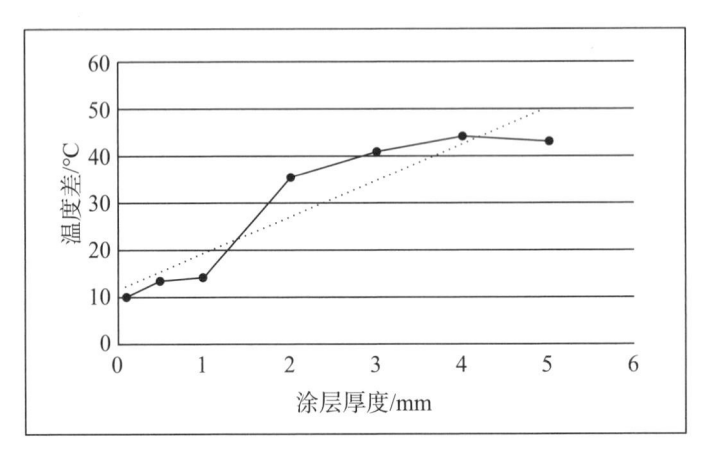

图 5 SBA-15 复合材料涂层厚度对保温隔热性能的影响

实验中用 100 ℃ 热台上空白基板和涂覆保温隔热涂层表面的温度差来表征涂层的保温隔热性能,不同厚度的复合材料涂层的保温隔热性能如图 5 所示。可以看出,温度差与涂层厚度并不是线性关系,但随着厚度增加,保温隔热性能总体呈现增加的趋势。涂层厚度小于 1 mm 时,温度差在 10—15 ℃,涂层表面温度在 80 ℃ 左右;涂层厚度在 2—4 mm 时,温度差增加很快,涂层表面温度在 45—50 ℃,已经可以满足实际应用的需求;涂层厚度达到 4 mm 后,再继续增加厚度,保温隔热性能的提升就不明显了,甚至有下降的趋势。

为了演示本课题研究结果,采用一半涂覆保温隔热涂层(SBA-15 质量百分比为 9%,厚度为 3 mm)的基板,用热台加热至 100 ℃,使用热电偶测温仪测量基板两部分的温度并展示。

6 研究结论与报告撰写

本课题研究了纳米孔材料的含量对保温隔热涂层热导率的影响,

讨论了涂层厚度对保温隔热性能的影响，获得了具有一定实际应用价值的保温隔热复合材料涂层。得到结论如下：

(1) 热常数分析表明，多孔 SiO_2 材料 SBA-15 的热导率远低于固体非晶 SiO_2 的导热率，也低于中空玻璃微米珠的热导率，证明了丰富的纳米孔的存在有利于降低材料的热导率。

(2) 多孔无机材料在复合材料涂层中的含量存在一个最优值，当 SBA-15 质量百分比为 9% 时，涂层的热导率最低；低于或者高于这个最优含量时，涂层的热导率都会增加。

(3) 复合材料保温隔热性能与涂层厚度并不是线性关系，随着厚度增加，保温隔热性能总体呈增加趋势，但涂层厚度增加到一定数值后，保温隔热性能提升不再明显，甚至有下降的趋势。

7 未来研究方向引导

要进一步提高复合材料涂层的保温隔热性能，后续的研究工作可以从以下两方面开展：

(1) 考虑到纳米材料分散到涂料中时容易发生团聚，尤其是当含量较高时纳米材料的团聚现象更加明显，应进一步优化涂料配制条件，或者通过纳米材料表面改性，使其更易分散到涂料中，从而获得均匀的复合材料涂层。

(2) 目前的工作主要是通过减弱复合材料涂层的热传导来实现保温隔热效果，在温度较高的应用场合还需要考虑降低热辐射。可以通过在涂料中添加一定比例的遮光剂（如钛白粉、氧化锌白、白炭黑等）来实现，但遮光剂的引入在减少辐射传热的同时会增加固相热传导，因此遮光剂的加入比例也需要优化。

（参与学生：龚炫宇）

结　语

在当今这个飞速发展的时代，化学教育正面临着前所未有的挑战和机遇。随着科技的进步和社会的发展，以及国家对实现科技强国、创新赋能的需求日益急切，传统的教育模式和教育方法难以培养出拔尖创新人才，也无法满足学生个性化的需求。要想培养出在各领域能力出众的人才，务必要尊重和满足每位学生的独特需求，实施个性化教育，并赋以创新思维的培养，鼓励学生勇于探索新的思路和方法，提升解决问题的能力。

为了实施个性化教育，培养创新思维，我们可以采取多种策略。其中行之有效的就是创新特需课程的实施，在课程设置上根据学生的需求进行规划，在课程中融合对学生创新思维的培养。在创新特需课程实施中，对教师的要求也上升到了新高度，教师不再只是课本知识的讲授者，而是更强调引导、合作，成为学生的导师，这就需要教师在专业素养、创新思维、教学技能等方面都有高度的提升。

化学创新特需课程的开设，对拔尖创新人才起到了识别及培养的作用。通过对学生进行通识教育、实验教学、课题研究指导等方式，识别在化学领域有特长的学生，同时对化学领域相关的问题进行深入的研究，让学生在中学阶段提前掌握前沿的研究方法，完善化学拔尖创新人才的培养模式。通过不断的探索和实践，我们可以构建一个更加开放、灵活和高效的化学教育体系，为学生提供一个充满机遇和挑战的学习环境，结合多学科、数字化技术、人工智能、创新实验等策略，开设更加多元化的创新特需课程，拓宽创新思维培养路径。愿学生成为能够适应未来挑战的创新人才，为国家实现科技强国梦而做出贡献。

参考文献

[1]倪娟.拔尖创新人才早期培养的战略意义、核心内涵及实践路径[J].人民教育,2023(12):50—55.

[2]李志聪.构建基础学科拔尖人才早期培养体系的30年实践[J].中国基础教育,2023(10):39—44.

[3]朱华伟.拔尖创新人才早期发现和选拔培养机制探索[J].创新人才教育,2022(4):39—43.

[4]徐红.发掘学生优势潜能 设计学生特需课程:上海市实验学校学生创新素养培育的机制设计与实践[J].创新人才教育,2013(3):56—60.

[5]徐红.发展学生优势潜能[J].素质教育大参考(A版),2014(8):12—15.

[6]徐红.探索潜能开发规律,深化教学整体改革[J].现代基础教育研究,2011,1(1):83—89.

[7]史颖芳.基于十年一贯制的历史课程校本化的实践与思考[D].上海:上海师范大学,2014.

[8]宋永海,汪莉.仪器分析[M].北京:化学工业出版社,2024:444.

[9]白玲,郭会时,刘文杰.仪器分析[M].北京:化学工业出版社,2019:338.

[10]宋毛平,何占航,郝新奇.基础化学实验与技术[M].北京:化学工业出版社,2023:593.

[11]胡乐乾,孙旭镯.分析化学[M].北京:化学工业出版社,2024:266.

[12]刘雪梅,王文珍.物理化学实验[M].北京:化学工业出版社,2024:202.

[13]张广军,吕俊芳.红外光学式二氧化碳分压传感器[Z].北京航

空航天大学.

[14]梁宝生,刘建国.我国二氧化碳室内空气质量标准建议值的探讨[J].重庆环境科学,2003(12):198—200.

[15]钟映雪,钱扬义.广州公交车厢内二氧化碳含量的研究[J].化学教育,2006(1):37—39.

[16]石慧,刘德秀.分析化学[M].北京:化学工业出版社,2020:315.

[17]王进玺.基于X射线荧光光谱仪的金属元素含量测定及精确度评价[J].世界有色金属,2023(19):148—150.

[18]李煜蓉.土壤环境质量评价与污染预测实例研究[D].长春:吉林大学,2010.

[19]葛冰洋,庄棪,朱南,王川,张骏驰.净水器铅加标测试研究[J].现代食品,2022,28(6):159—161,165.

[20]曾昭华.四川省土壤元素含量和生态农业地质研究[J].四川地质学报,2005(1):44—50.

[21]张菊.上海城市街道灰尘重金属污染研究[D].上海:华东师范大学,2005.

[22]华雪兰.闽西酸菜中亚硝酸盐的监控研究[D].厦门:集美大学,2011.

[23]薛嘉宁,赵容,蔡欣航,等.黄芪的本草考证及其研究进展[J].中国民族民间医药,2023,32(1):62.

[24]高丽娜,李睿超,周长征,等.白鲜皮化学成分及药理作用研究进展[J].中国中药杂志,2022,47(14):3723.

[25]柯乐芹,陈景荣,吴学谦,等.干制和贮藏方法对香菇甲醛含量的影响研究[J].中国食用菌,2008(3):53—54,56.

图书在版编目(CIP)数据

中学化学实验新视野：创新思维养成指南 / 胡玲燕著. -- 上海：上海社会科学院出版社，2025. -- ISBN 978-7-5520-4724-0

Ⅰ.G633.82

中国国家版本馆CIP数据核字第2025EC1392号

中学化学实验新视野——创新思维养成指南

著　　者：	胡玲燕
责任编辑：	路　晓
封面设计：	徐　蓉
出版发行：	上海社会科学院出版社
	上海顺昌路622号　邮编 200025
	电话总机 021-63315947　销售热线 021-53063735
	https://cbs.sass.org.cn　E-mail:sassp@sassp.cn
照　　排：	上海碧悦制版有限公司
印　　刷：	上海万卷印刷股份有限公司
开　　本：	710毫米×1010毫米　1/16
印　　张：	13.75
字　　数：	183千
版　　次：	2025年4月第1版　2025年4月第1次印刷

ISBN 978-7-5520-4724-0/G·1405　　　　　　　　　　　　定价：68.00元

版权所有　翻印必究